Angelika Hager

KERLS

Eine Safari durch die männliche Psyche

K&S

www.kremayr-scheriau.at

ISBN 978-3-218-01126-6

Schutzumschlaggestaltung: Sophie Gudenus
unter Verwendung einer Illustration von Michael Pleesz, www.pleesz.com
Typografische Gestaltung und Satz: Danica Schlosser, www.danicagrafik.de
Druck und Bindung: Christian Theiss GmbH, St. Stefan i. Lavanttal

Inhalt

#HeyYou:
Ein Motivationsschreiben 7

„Wie Schiffe im Nebel“:
Im Chaos der Identitätssuche 13

#MeToo-Hurricane:
Die entglittene Jagd auf sexistische Saurier 47

„Will kommen“:
Der Mann und seine Sexualität 91

„Was ist denn das jetzt eigentlich für dich?“:
Liebe, Schmerz und das ganze Zeug 109

„Das waren doch nur Hilfeschreie“:
Männer und Gewalt 140

„Am seidenen Faden“:
Der Mann und seine Gefühlswelt 165

Danksagung 190

Literatur 191

Für Stella und all die Männer,
denen sie noch begegnen wird

#HeyYou: Ein Motivationsschreiben

„Ich bin ja ein neuer Mann.
Also einer, der sich von diesen
Männerklischees frei gemacht hat,
also zumindest denkt,
sich davon frei gemacht zu haben."

Aus Martin Grubers „Die wunderbare Zerstörung des Mannes"

In den Warteschlangen auf Flughäfen oder in Supermärkten vertreibe ich mir gerne die Zeit mit der Analyse von Frisuren. Vorrangig denen von Männern. Ich versuche mir vorzustellen, was die Träger mit der Fasson ihrer Haare der Menschheit mitteilen wollen. Meine Studienobjekte sind junge Männer. Die älteren müssen ja oft mit dem auskommen lernen, was ihnen die Natur übrig ließ, und tragen dann gerne einmal Schirmkappen oder Strickmützchen, denen die Aufgabe zufällt, die Hautkreise auf ihrem Hinterkopf zu kaschieren.

In der im Saft stehenden Generation setzte sich in den letzten Jahren der Knödelchen-Look in epidemieartigem Ausmaß durch. Egal ob IT-Berater, Smoothie-Barkeeper, Versicherungskeiler oder superprogressiver Turn- und Geografieprofessor – sie alle tragen ihr Haar zu einem „bun" gezurrt, häufig auch in Kombination mit so einem nikoloartigen Rauschebart. Rein optisch wären sie irgendwo zwischen viktorianischem Wanderprediger und den Beta-Typen einer Amish-Siedlung einzuordnen. Aber ihr Styling hat natürlich einen bestimmten Symbolgehalt. Zumindest bei den Bun-Pionieren. Der Frisuren-Gag ist übrigens nicht ganz neu, der allererste Knödelchen-Typ war Buddha, in dessen Wesen die weibliche und männliche Seite in vorbildhafter Balance standen. Ein Bilderbuch-Mann also.

Der Subtext der Neo-Bunnies lautet: „Hey, ich bin nicht einer von denen, ich bin nicht wie die anderen, ich bin ein moderner Mann." Einer, der sich frei gemacht hat von den archaischen Klischees der Männlichkeit. Einer, der von keinerlei Kastrations-Ängsten geplagt wird, wenn er einmal einen Quinoa-Salat zaubert. Einer, der auch schon mal mit der Windeltasche über dem Arm in der Raststätte in die Frauen-Toilette huscht, um sein Baby zu wickeln. Einer, der auch schon mal ungeniert in Tränen ausbricht, wenn er ein Flüchtlingskind im roten Pullover tot an einem Mittelmeerstrand liegen sieht.

Diese Art von Männern stand auf dem Weihnachts-Wunschzettel des Feminismus ganz oben. Toll, dass sie endlich angekommen sind. Aber natürlich wäre es auch völlig klischeevertrottelt zu glauben, dass alle aus der Knödelchen-Fraktion so ticken. Bei vielen gilt: They go with the flow.

In diesen Warteschlangen fallen weiters die Männer mit den martialischen Frisuren auf – hinten hochgeschoren, das Haar im Bürstentrimm stramm vom Kopf abstehend, häufig begleitet von mehr Tätowierungen, als so ein Körper eigentlich vertragen kann. Das sind wahrscheinlich eher die Typen, die gerne karbonierte Spareribs essen, Glutenfreiheit für eine politische Bewegung halten und sich an das traditionelle Konzept von Virilität klammern wie Titanic-Überlebende an eine Schiffsplanke im eiskalten Atlantik.

Und natürlich auch: Modernisierungsverlierer. Abgehängt. Schwach ausgebildet. Dementsprechend zornig. *Voll zach, Oida.* „Angry white men" nannte der US-Soziologe Michael Kimmel jene Männer, die unter die Räder der Digitalisierung, des Bildungswettkampfs, der Gutmenschheit und der Emanzipation gekommen sind. Inzwischen ist der Zorn längst nicht mehr nur weiß, sondern hat alle Hautfarben angenommen.

Häufig ziehen sich die verunsicherten Krieger heute auf Terrains zurück, in denen die Welt für sie noch scheinbar in Ordnung ist und sie zumindest die Illusion von Kontrolle haben: ins „Warcraft"-Universum auf ihrem Computer, in Mucki-

Buden, versiffte Box-Vereine, Kampfsport-Zentren und neuerdings auch in Barbershops. Plötzlich sprießen diese Institutionen abgeschotteter Männlichkeit, die einst nur in den türkisch und arabisch dominierten Vierteln der Metropolen zu finden waren, auch in den von Smoothie-Bars und veganen Eisdielen dominierten Terrains. Offensichtlich brauchen auch Hipster-Kerls Leos, zu denen Frauen keinen Zutritt haben. Die älteren, die Midlife-Kriselnden, verschanzen sich hinter ihrer Grillstation, im Hobby-Keller, markieren den Stationsvorstand ihrer Modelleisenbahnanlage oder flüchten auf einem Moutainbike in die Berge.

Zwischen diesen beiden Frisur-Antipoden, den Bunnies und den finsteren, hochgeschorenen Kriegern (jede Fußball-WM wird zu einem Catwalk solcher Typen), spielt sich das Leben ab. Und die Identitätssuche der Männer, die noch ziemlich viel vor sich haben. Dieses Spannungsfeld wollten wir mit der Illustration des „Kerls"-Covers von Michael Pleesz zeigen.

Auf ihren Identitätspirschgängen werden die Herren jeder ideologischer Herkunft natürlich begleitet von den argwöhnischen Blicken der Frauen, Misstrauensvorschuss all inclusive. Manchmal nimmt dieser Misstrauensvorschuss absurde Ausmaße an. „Was haltet ihr davon", fragte die in ihrem Land populäre schwedische Comédienne Emma Knyckare im Winter 2017 in der größten Hitze des #MeToo-Schlagabtausches, „ein cooles Festival zu organisieren, bei dem nur Nicht-Männer willkommen sind, bis *alle* Männer gelernt haben, sich zu benehmen?" Mittels Crowdfunding hat sie es inzwischen geschafft, ein solches männerloses Musikfestival auf die Beine zu stellen.

Doch wollen wir das? Eine von Männern entsorgte Gesellschaft? Erstens: Nein, zweitens Nein und nochmals Nein und außerdem erscheinen solche Aktionen so naiv wie „Radfahren gegen rechts", eine Protestaktion gegen die damals neue rechtspopulistische Regierung in Österreich, bei der sich vorrangig grün orientierte Radfahrer stundenlang im Kreis bewegten, um ihren Unmut kundzutun. Oder das Alkoholverbot am Praterstern, einem Wiener Verkehrsknoten, wo sich Obdachlose, Junkies und Asylwerber sammeln. Zwar wird dort jetzt nicht mehr getrunken, doch in hundert Metern Entfernung geht es munter weiter – genauso oft bis zum Umfallen.

„Wir haben verloren", erklärt Tim Robbins in Alan Balls viel gepriesener HBO-Serie „Here and Now" und bezieht seine Resignation auf Donald Trump und die Niederlage der Demokraten. Aber natürlich passt diese Bemerkung auch auf das männliche Selbstverständnis.

Verunsicherung macht sich in allen Fraktionen und Schichten breit. Und Wut. Ein Gefühl, das, wie sattsam bekannt ist, alles nur noch schlimmer macht. Aber auch radikaler und unversöhnlicher.

Durch die Überhitzung und Hysterisierung der #MeToo-Debatte, der naturgemäß ein eigenes „Kerls"-Kapitel gewidmet ist, haben sich die Fronten noch einmal verhärtet. Wir sind alle inzwischen etwas ermüdet und entnervt von diesem Diskurs, der seit Oktober 2017 am Rotieren gehalten wird. Aber er ist natürlich immens wichtig, im historischen Rückblick möglicherweise so bedeutend wie die Erkämpfung der Fristenlösung, die Scheidungsgesetz-Reform und die Institutionalisierung von Gleichbehandlungs-Kommissionen.

„Der größte Feind des Mannes ist nicht der Feminismus, sondern er selbst", schrieb die amerikanische Autorin Susan Faludi, die mit ihrer inzwischen zum Klassiker avancierten Bestandsaufnahme amerikanischer Männlichkeit, „Stiffed", was mit „angeschmiert" oder „über den Tisch gezogen" übersetzt werden kann, 1999 das männliche Krisengebiet publizistisch eröffnete (der Titel der deutschen Ausgabe lautet „Männer – das betrogene Geschlecht").

Bloß kein Mitleid mit Dinosauriern der Frauenverachtung wie Donald Trump oder Harvey Weinstein, aber sie verkörpern gleichzeitig auch Lehrbuchbeispiele für Faludis These.

„Der Mann ist das Problem", sang Udo Jürgens 2014, knapp

vor seinem Tod im 81. Lebensjahr in einem seiner letzten Lieder. Er starb „Mitten im Leben“ (auch das ein Jürgens-Song) und man hatte schon vorher das Gefühl, dass er der Kunstfigur, die im weißen Bademantel noch immer in vollen Hallen vor Lebensenergie zu platzen schien, keine Schwächen und Regenerationsphasen durchgehen ließ. Ein altes Männerproblem, das Nicht-Zugeben-Können, dass es zu viel wird, dass man überfordert ist.

„Das Drama des Mannes ist“, so erklärte die Feministin und Schriftstellerin Erica Jong schon in einem 20 Jahre zurückliegenden „profil“-Interview, „dass er nicht weiß, wo die gute Männlichkeit aufhört und die schlechte beginnt. Und niemand hilft ihm dabei, es herauszufinden.“

Die jungen Menschen müssen neuerdings ihren Bewerbungen ein Motivationsschreiben beilegen, in dem sie deutlich machen sollen, warum sie genau diesen und keinen anderen Job auf dieser Welt wollen. Müsste ich ein solches Schreiben als Begleittext für dieses Buch verfassen, würde ein Satz darin lauten: „Ich möchte ihnen (den Herren) und uns (Damen) helfen, es zumindest ein bisschen herauszufinden.“

Seit 30 Jahren arbeite ich als Journalistin und empfinde diesen Job bis heute als Privileg. In kaum einer anderen Branche ist einem so viel direkter Zugang zum prallen Leben vergönnt. Außer vielleicht in der Ambulanz eines Krankenhauses. Die Erforschung der männlichen Befindlichkeiten, ihrer Bruchstellen und tektonischen Verschiebungen hat mich – auch aus ganz egoistischen, persönlichen Gründen – immer interessiert. Ich wollte mir Antworten auf Fragen holen wie:

Wieviel Tier steckt tatsächlich im Mann?

Setzt eine Erektion das Denken außer Kraft?

Warum bringen sich Männer dreimal so häufig um wie Frauen?

Was fühlen sie, wenn sie zuschlagen?

Ist die Bagger-App Tinder ihre Vorstellung eines zwischengeschlechtlichen Paradieses?

Leiden sie an Trennungen genauso wie wir und wenn ja, warum können sie es uns nicht zeigen?

Warum verlieren Scheidungsväter so leicht den Kontakt zu ihren Kindern?

Wie erklären Mütter ihren Söhnen am besten, wie ein Mann zu sein hat?

Was sagt uns das Schweigen der Männer?

Und hatte Madame de Beauvoir recht, als sie sagte: „Niemand ist den Frauen gegenüber aggressiver oder herablassender als ein Mann, der seiner Männlichkeit nicht ganz sicher ist"?

In jedem Fall richtig liegt Sibylle Berg, als sie schrieb: „Die Steinzeit hat sich auch nicht halten können. Irgendwann setzt sich selbst bei der Spezies Mensch die Intelligenz durch – und intelligent ist es, zu erkennen, dass eine gleichberechtigte Gesellschaft in jeder Hinsicht für alle angenehmer ist."

Ich habe Gespräche mit inhaftierten Gewalttätern, Arbeits- und Obdachlosen geführt, bin Psychiatern, Profilern, Philosophen und Psychotherapeuten auf die Nerven gegangen, versuchte mich in Väter einzufühlen, die ihre Kinder nicht mehr sehen dürfen, und wollte von meinen Freunden wissen, warum Männer häufig aus dem Leben ihrer Frauen unter (bestenfalls) Hinterlassung einer SMS einfach verschwinden.

Viele Begegnungen sind in diesem Buch (zumindest auszugsweise) versammelt. „Kerls" ist aber kein Ratgeber – ein solcher Anspruch erschiene mir zu vermessen –, sondern eine Art Reiseführer durch die neuesten Erkenntnisse im Männer-Land, durchmischt mit meinen journalistischen sowie privaten Erlebnissen und den neuesten Forschungsarbeiten auf diesem Gebiet. Und ein bisschen sollte „Kerls" auch eine Art Handreichung in Buchform sein: #HeyYou anstelle von #MeToo.

Es ist Zeit, dass sich beide Geschlechter wieder an den Verhandlungstisch setzen. Wenn „Kerls" dazu einen Beitrag leisten kann, wäre das großartig.

Wien, im Sommer 2018

„Wie Schiffe im Nebel“: Im Chaos der Identitätssuche

„Du bist das Opfer deines Ikea-Instinkts.“

Edward Norton in „The Fight Club“

„Was ist das: Pinkelt im Sitzen, trinkt Biolimonade und hat keinen Sex?“

Aus der „Bild“-Zeitung

„Das Wort Versager trifft ja auch nur auf Männer zu. Versagerin hört man nie.“

Aus Martin Grubers „Die wunderbare Zerstörung des Mannes“

Auf der Bühne seines aktionstheater ensembles hat Martin Gruber sechs Männer versammelt. Der Vorarlberger Theatermacher, der mit seiner Truppe seit Jahrzehnten zu einem verlässlichen Seismografen gesellschaftspolitischer Verschiebungen und Bruchstellen geworden ist, hat sich im Frühling 2018 mit dieser Arbeit tief in die Verunsicherungen und Ängste von Männern gegraben. In wochenlangen „Bohrarbeiten“ hat er sechs unterschiedliche Typen interviewt und sie sanft aus ihren Komfortzonen in jene Gebiete gelotst, wo das herkömmliche „Gockelgehabe“ abfällt und „die Hosen auch schon einmal runtergelassen werden“.

Das aus vielen Gesprächsstunden destillierte Stück „Die wunderbare Zerstörung des Mannes“ ist, wie Gruber sagt, „eine Analyse oder ein Psychogramm“ mit dem Anspruch auf Wahrhaftigkeit; moralische Warnsignale werden in jedem Fall nicht ausgesendet.

Sechs Männer stehen auf der Bühne, sie erzählen Geschichten aus ihrem Alltag, über die dominante Mutter, die

Dauer-Erektion im Schwimmbad, die Abneigung gegen „Blümchensex“, das Heldengefühl in einem Baumarkt und die Unsicherheit, ob man denn einer Frau überhaupt noch nachschauen dürfe. Sie lassen aber auch ihre Sehnsüchte und Schuld- wie Schamgefühle vom Stapel. Alles mit dem Echtheits-Zertifikat, weil tatsächlich von Protagonisten erlebt.

Diese Wanderungen durch männliche Identitäten sind durch einen gemeinsamen Nenner gekennzeichnet: Orientierungslosigkeit. Jeder von ihnen möchte ein idealer Mann sein, aber gleichzeitig weiß keiner von ihnen, so Martin Gruber, wie so ein idealer Mann eigentlich auszusehen hat. Und über allen schwebt die Frage: „Wo hört der Macho auf und wo fängt der Waschlappen an?“ Und natürlich, #MeToo-bedingt: „Was darf ich denn überhaupt noch?“

Im konservativ-populistischen Lager führt dieses Identitätsringen noch immer zu Häme und Spott. „Was ist das: Pinkelt im Sitzen, trinkt Biolimonade und hat keinen Sex?“, lautet eine Frage der „Bild“-Zeitung anlässlich des Weltmännertags 2017. Michael Witt, Autor der Kolumne „Mein Leben als Mann“ in der „Bild am Sonntag“, serviert auch gleich die Antwort: „Richtig, der moderne Mann. Alles, was uns einmal ausgemacht hat, liegt auf der Müllhalde der männlichen Attribute: körperliche Stärke, Risikobereitschaft, Leistungswille, Lust am Wettstreit. Wurde alles in Selbsthilfekursen weggeatmet.“ Doch von der „Bild“-Zeitung gendersensiblen Weitblick zu verlangen, wäre natürlich total daneben.

Ich war jedoch ziemlich erstaunt, als Elisabeth Badinter, die Pariser Philosophin, Autorin und Feministin, bei einem Interview in der französischen Botschaft in Wien anlässlich ihrer Biografie über Maria-Theresia beim Thema „Mann in der Krise“ folgende Aussage machte: „Natürlich existiert diese Krise. Sie ist auch ein Resultat der harten Arbeit von Feministinnen, die Männern seit Jahrzehnten erzählen, was sie denn für Dreckskerle sind. Die Männer stehen unter ständiger Kritik und unter ständigem Druck, ihre Vormachtstellung haben sie ohnehin längst verloren." Als mein Kollege Robert Treichler und ich 2017 dieses Gespräch führten, war Donald Trumps berüchtigter Lockerroom-Talk („You just have to grab them by the pussy") bereits längst publik geworden. Aber abgesehen davon: Dass ausgerechnet eine Feministin, noch dazu eine weltbekannte, den Kampf um Gleichberechtigung als Entschuldigungsgrund für die Krisensituation des Mannes anführte, war dann doch befremdend.

„Maskuline Energie"

Diesen Job erledigen seit Jahren strenge Männerforscher wie der Schweizer Soziologe Walter Hollstein, Autor des Buches „Was vom Manne übrig blieb", der klagt: „Männer orientieren sich nicht an dem, was sie im Tiefsten wollen, sondern an dem, was Frauen von ihnen möchten und als politisch korrekt gilt." Sie trauten sich noch immer nicht, „ihre ureigensten Bedürfnisse einzugestehen."

Oder der Physiker Ralph Bönt, der in seinem Werk „Das entehrte Geschlecht" den Mann als abgefrühstücktes Opfer der Emanzipation vorführt: „Der Mann wird immer öfter behandelt, als sei er wunderlich, blind, aufgebläht und entstellt. Es wird ihm die Rolle des Mindermenschen zugewiesen, und das Merkwürdige ist: Er nimmt das in der Regel gleichmütig hin."

„Du bist das Opfer deines Ikea-Instinkts", heißt es in David Finchers „Fight Club" aus dem Jahr 1999, ein Film, der den aktuellen Zeitgeist nahezu prophetisch vorwegnahm: Der Protagonist (gespielt von Edward Norton) ist ein aus der Spur gekommener Loser, der an Schlaflosigkeit leidet und so isoliert ist, dass er sich in Selbsthilfegruppen schmuggelt, um Spurenelemente von Nähe zu erfahren. Er hasst sich dafür, abends alleine in einem Ikea-Katalog zu blättern und den Kauf von Einrichtungsgegenständen mit seltsamen Vornamen in Erwägung zu ziehen. Sein Leben bekommt Ego-Sprit, als er durch einen geheimnisvollen Fremden Zutritt zu einer Geheimloge namens „Fight Club" bekommt. Dort möbelt er sein angeschlagenes Selbstbewusstsein auf, indem er bis zum Umfallen auf Gleichgesinnte eindrischt und so auch seinen Ikea-Instinkt tötet. Und dadurch seine Männlichkeit und seinen Stolz wieder auf die Spur hievt.

Der US-Ehe- und Familientherapeut Robert Glover forderte in seiner Polemik in Buchform „Nie mehr Mr. Nice Guy", die 2016 wochenlang auf der Bestsellerliste der „New York Times" stand, dass Männer aufhören sollten, „liebevoll, verständnisvoll, bemüht und nachgiebig" zu sein, denn solche Attribute würden direkt in die „Nettigkeitsfalle" führen. Diese müsse der moderne Mann dringend wieder verlassen, um sein ramponiertes Selbstbewusstsein zu pimpen. Nur durch die Rückeroberung verloren gegangener Männlichkeit könne er sein Ego sowie sein Liebes- und Sexleben wieder stärken. Schließlich habe der Mann nur durch Ausübung seiner „maskulinen Energie" seit dem Neandertal überlebt.

Der amerikanische Psychiater und Arzt Edward M. Stephens, der im Staat New York eine Akademie für „male studies" gegründet hat, wo er Vorträge mit Titeln wie „Männer – eine Spezies in Gefahr" oder „Der Vater-Instinkt" hält, stößt in ein ähnliches Horn. Er und seine Anhänger fordern einen „promännlichen" Forschungsansatz und eine radikale Abkehr von „diesem Psychogewäsch", das nichts anderes als „ein Krieg gegen die ist, die ich richtige Männer nenne". In seinem Blog schreibt er wenig erhellend: „Wenn du ein Mann bist, dann weißt du, was es heißt, ein Mann zu sein."

Ein solcher Ordnungspfiff in Richtung Rückeroberung der Männlichkeit war in dieser Art schon einmal, vor fast 30 Jahren, erfolgt, als der US-Poetikprofessor Robert Bly die „Eisenhans"-Bewegung ins Leben rief. Grimms Märchen vom Eisenhans diente Bly als Parabel. Den Tiefen eines Zauberbrunnens entsteigt ein zotteliger Unhold, der Körper braun wie rostiges Metall. Dieser Eisenhans nimmt sich in Folge eines elternlosen Königssohnes an, und nach allerlei Mutproben und sozialen Erniedrigungen (der Knabe muss an einem fremden Herrscherhof als Gärtnergehilfe dienen) ist der Eleve reif für große Taten.

Das Drama laut Bly sei, dass die armen amerikanischen Söhne ihre Väter inzwischen nur mehr als Männer erleben, die „im Wohnzimmer mit der Zeitung rascheln". Solche Leisetreter, klagte er, „sind ganz sicher nicht im Begriff, Jerusalem zu erbauen". Auf Wochenendseminaren und in Workshops in freier Natur spürte die aus Blys Ideologie entstandene „Wildman"-Bewegung den Wurzeln des Mannseins nach. Mit skurrilen Auswüchsen: Ausgebrannte Manager, Öko-Softies und Feminismus-Widersacher rotteten sich in der Wildnis zusammen, um nachts schreiend um Feuerstellen zu tanzen. Das Buch zur groß angelegten Rückholaktion verloren gegangenen Männlichkeitsbewusstseins, „Iron John", so der Originaltitel (auf Deutsch „Eisenhans"), hielt sich 1990 39 Wochen lang an der Spitze der Bestsellerliste der „New York Times", was der Beweis war, dass Bly mit seiner Analyse einen wunden Psycho-Punkt getroffen hatte.

Die Veranstaltungen des Männlichkeitsprofessors Stephens kommen ohne Feuertänze aus, sie finden vorrangig in nüchternen Seminarräumen statt. Aber was heißt es heute tatsächlich, ein von diesem „Psychogewäsch" befreiter Mann zu sein, Professor Stephens? Rhythmisches Schwingen von Liane zu Liane unter exzessivem Brustgetrommel, Franchising von Fight Clubs, Mammon- anstelle von Mammut-Jagd, Konsum von blutigem Fleisch, mit der Delete-Taste auf Gefühle wie Empathie und Verständnis drücken?

Der zur Zeit mächtigste Mann der Welt signalisiert seiner First Barbie Melania immer wieder mit dem Kommandoton „You go and sit down", dass es Zeit ist, die Bühne zu verlassen. Das noch größere Drama ist, dass sie ihm, wenn auch mit angewidertem Blick, auch noch gehorcht. Und alle Welt dabei erste Reihe fußfrei zusieht. *So sad*. Das ist keine maskuline

Energie, sondern einfach nur sauschlechtes Benehmen. Der an der kalifornischen Stanford University lehrende Anthropologe Robert Sapolsky, weltweit angesehener Spezialist für das Verhalten von Pavianen, ist überzeugt: Hätte sich ein Alpha-Pavian in der freien Wildbahn „so hemmungslos" wie Donald Trump benommen, hätte sich längst eine Weibchen-Truppe gegen ihn aufgelehnt und ihn „hochkant rausgeschmissen".

Glücklicherweise haben sich Millionen Frauen im Januar 2017 diese nicht sehr kleidsamen rosa Mützen gestrickt und sind weltweit auf die Straßen gegangen, um sich nicht nur gegen Trump, sondern auch gegen ein rückwärtsgewandtes Geschlechterverständnis und diese toxische Männlichkeit – so das so häufig in diesem Zusammenhang gebrauchte Schlagwort – aufzulehnen.

Die Wut der Underdogs

Doch es ist inzwischen tatsächlich schon langweilig, sich am Frauenbild Trumps abzuarbeiten, über dessen Ungeheuerlichkeit sich sowieso alle einig sind. Die Entertainer-Legende Harald Schmidt erklärte, durchaus nachvollziehbar, in einem „profil"-Interview 2017: „Was auf unseren Gartenpartys zurzeit wahnsinnig anstrengend ist: Nach zehn Minuten kommt der erste mit Aperol Spritz in der Hand und erklärt einem, was Trump für ein Trottel ist. Was geht in diesen Leuten vor? Glauben sie, dass man ihnen zu ihrer brillanten Analysefähigkeit gratuliert? Blitzscharfes Gehirn! Das verleidet einem derzeit ein bisschen die Grillfeste."

Interessanter und wahrscheinlich auch produktiver ist der Versuch, jene zu verstehen, die Trump und seine europäischen Ideologie-Kumpels überhaupt ermöglichen. Und die sich damit auch ein Zipfelchen ihrer verloren gegangenen „maskulinen Energie" zurückerobern wollen.

Klar sind die klassischen Trump-Fans in den USA vor allem

jene Klischee-Typen, die wie dem Schwarzbuch des Linksliberalismus entsprungen scheinen. Solche, die T-Shirts tragen, auf die Sprüche gedruckt sind wie „Wage nicht, mir die Waffe wegzunehmen“ und „NRA (Anm.: National Rifle Association) – wir verteidigen Amerika“. Solche, die im „Redneck Mud Park“ in Florida die Sau rauslassen und mit Buggies, Monstertrucks und Quads, die mit Trump-Fahnen geschmückt sind, johlend durch Schlammlöcher rasen, immer ein paar Bikinigirls an ihrer Seite und eine Kiste Bier dabei. Der Betreiber dieser Primitiv-Sause Danny Kelly kennt seine Klientel: „Wer herkommt, ehrt, was Amerika groß gemacht hat. Wer hier ist, redet nicht über #MeToo und gleichgeschlechtliche Ehe.“

Frauenverachtung, Fusel und Hass auf alles Fremde und Fremdartige dienen als Treibstoff solcher Truppen und zementieren das Zusammengehörigkeitsgefühl. Und die Frauen dieser Männer ticken genauso und leben diese Art von Brauchtum und all die damit verbundene Rückschrittlichkeit fröhlich mit. Wir haben es sattsam analysiert bekommen: 53 Prozent aller wählenden weißen US-Frauen haben Trump ermöglicht – und 62 Prozent von denen haben keinen College-Abschluss.

Die Rechtspopulisten der westlichen Welt waren klug, als sie europaweit die Underdogs und Unterprivilegierten, die ohne ideologischen Hafen durch ihre Existenz schipperten, an die Brust nahmen. Diese Wählerherde war mehr als abholbereit, weil sie die Nase voll hatte vom Minderheiten-Kuschelkurs der Mitte-Parteien und deren Überheblichkeit und Ignoranz, was ihre Ängste und Sorgen betrifft.

Wie sieht das Grundgefühl solcher wütenden Underdogs aus? „Es sind Männer, die das Gefühl haben, dass sie gelinkt werden, die sich von dem Land, das sie lieben, verraten fühlen, weggeworfen wie Müll am Rand der Datenautobahn“, schrieb der New Yorker Universitätsprofessor für Soziologie und Geschlechterforschung Michael Kimmel 2013 in seiner Analyse „Angry White Men“. Eine multikulturelle Gesellschaft empfinde diese Spezies der weißen Zornigen, die Kimmel in kulinarische Metaphorik verpackt, als echte Bedrohung: „In dem großen, neuen, multikulturellen Mosaik sind sie der langweilige weiße Hintergrund, für den sich keiner interessiert, das billige Weißbrot aus dem Supermarkt in einer Kultur mit Bagels, Tortillas, Wan Tan und biologischem Vollkorn-Teegebäck."

„Heimat ist wie eine Droge"

Doch die gängigen Attribute wie „männlich, primitiv, ungebildet und orientierungslos" greifen längst nicht mehr als einziges Erklärungsmodell für die neue politische Affinität zum starken Mann, der radikal durchzugreifen imstande ist. Oder es zumindest vorgibt. Die Ursachenforscher müssen sich da heute schon mehr anstrengen.

Der deutsche Soziologie-Professor Andreas Zick, der an der Universität Bielefeld forscht, gilt als Experte für Rechtsextremismus, Populismus und die Wählermotive, die diesen in Europa groß gemacht haben. Knapp nach dem Wahlsieg des ÖVP-Helden Sebastian Kurz erklärte er mir in einem Telefon-Interview: „Jetzt wird Kurz ja wie ein neuer Messias gefeiert, der Messias, der aus der Krise führen wird – wobei seine Stärke ja nur behauptet wird und noch nie überprüft wurde. Wie Deutschland ist ja Österreich ein zutiefst zerrissenes und gespaltenes Land – mit vielen neuen politischen Milieus, die der Populismus mit seinen einfachen Antworten viel besser binden kann als die alte Zivilgesellschaft. Die Klammer für diese Entwicklungen ist ein neuer Chauvinismus."

Die einst klassisch abzugrenzenden Milieus sind spätestens seit 2015 und der Flüchtlingswelle in Europa nicht mehr verlässlich. Selbst das deutsche Sinus-Institut, das mit seiner Milieu-Kartografie den Standard in der Forschung festgelegt hatte, vermittelt Ratlosigkeit.

Mit der Farbkarte, auf der sich in Österreich neuerdings Rot, Türkis, Blau und Pink finden, ist dieser Gesellschaft nicht mehr beizukommen. Viel zu viele Widersprüche, viel zu viele Ängste, viel zu viel Wut, viel zu viel Politikfrust.

Alles ist in Bewegung, die ideologische Mischmaschine ist am Rotieren. Und diese Bewegung kreiert eben seltsame neue Mischwähler wie den radikalisierten Konservativen, Musikverein-Abonnent, Freund guter Rotweine, der die AfD oder FPÖ plötzlich gar nicht mehr so vulgär findet wie noch vor ein paar Jahren. Wie die Wählerstromanalysen zeigten, war ja der dominierende AfD-Wählertypus kein abgehängter Underdog, sondern der etablierte Mittelschichtmann. Einer, der sich, wie das der Philosoph Richard David Precht in einem „stern"-Interview beschrieb, eine Stimmung „wie in den alten Heinz-Erhardt-Filmen" zurückwünscht: „Da, wo alles so dick und gemütlich und wundersam unschuldig war. Ein behaglich schmunzelndes Wohlfühl-Land, zehn Jahre nach dem Holocaust. Das ist der emotionale Kern dieser Retropie."

Und dann ist da natürlich der populistisch aufgeheizte Ex-Rote, der alle in Anspruch genommenen Sozialleistungen (Gemeindewohnung, Frühpensionierung) zugunsten seines neuen liebsten und einfachsten Feindbildes, des Flüchtlings, ausblendet. Weiters haben wir da noch den ausländerfeindlichen Second-Generation-Migranten, der in schlechtem Deutsch findet, dass die Flüchtlinge alle erst einmal *eine g'scheite Deutsch* lernen sollen. Und den ideologiefreien Wut-Youngster, der aus purem Protest ins rechte Lager schwenkt und ansonsten im Leben vor allem *keinen Plan und so* hat.

Nicht zu unterschätzen ist die kleine, aber stetig expandierende Gruppe der Hipster-Rechten, die einen relativ neuen Typus im soziologischen Spektrum darstellen. Dieser Typus bereichert die Frisuren-Palette mit einer streng geschorenen Kurzhaarfrisur in Kombination mit einem verwegenen Seitenscheitel, die an Hitlerjugend-Anführer erinnert. Diese Jungmänner vibrieren „im Volksrausch", wie das ein Identitärer im Berliner „Tagesspiegel" bezeichnete, und betrachten Heimat als Kampfauftrag. Die Slogans, die die Identitären und ihre Epigonen klopfen, lauten: „Wir sind keine Nazis, wir sind Patrioten", „Den Kampf gegen den großen Austausch führen" oder „Zurück zu unseren Wurzeln". Sie begreifen Ideologie als Abenteuerspielplatz („Heimat ist wie eine Droge") und bedienen sich obsessiv der digitalen Kommunikationsmöglichkeiten, um via Twitter und Facebook einen alten Kulturkampf zu führen. Oder sie frönen einem eigenartigen Aktionismus, wie etwa mit Seilen auf ehrwürdige Institutionen wie das Wiener Burgtheater zu klettern.

Im Gegensatz zu Neonazis herkömmlicher Machart legen diese Typen durchaus Wert auf Styling – sie tragen gerne Fred-Perry-Shirts, Hoodies, Nerd-Brillen und eben das Haar streng kurz, ihre Musikidole sind Andreas Gabalier, Helene Fischer oder das Duo Seiler & Speer.

Ach ja, und die traditionellen Neonazis gibt es auch noch. Meine „profil"-Kollegin Christa Zöchling ist eine ausgewiesene Spezialistin für den bedrückenden Mikrokosmos der Burschenschaften, „die nicht ganz die Hälfte der freiheitlichen Abgeordneten" in Österreichs aktueller türkis-blauer Regierung stellen. In einem Essay über das Weltbild der Burschenschafter zitiert sie Textauszüge der als besonders rechtsextrem geltenden „Olympia", deren Website inzwischen für Außenstehende gesperrt ist. Dort wurde für ein geselliges Beisammensein mit den Worten geworben: „Bist du häßlich, fett, krank oder fremd im Land [...] oder hast du eine Freundin mit, die weder schön noch still ist, dann bleib lieber zu Hause." Das Argument: „Angesichts der grassierenden Gleichmacherei gehe doch der Eros zwischen den Geschlechtern flöten, darauf dürfe man doch noch humorig hinweisen."

Die Frauen der FPÖ stünden, so Zöchling, den Männern genderideologisch um nichts nach. Die einzige FPÖ-Frau im Team der Koalitionsverhandlungen war Anneliese Kitzmüller, heute Dritte Präsidentin im Österreichischen Nationalrat. Sie bedeutet insofern keine Gefahr für ihre Parteikollegen, als sie am „Internationalen Frauentag" dazu aufrief, „die Bedeutung der Frau als Fundament der Familie wieder zu würdigen". Kitzmüller, Mitglied in sogenannten Mädelschaften zu Wien und Linz, ist auch gegen Väterkarenz, weil „echte Männer" ohnehin nicht zu Hause bleiben wollen.

„Ich kann schießen", erklärte der Obmann der rechtspopulistischen FPÖ und amtierende österreichische Vizekanzler H. C. Strache auf die „profil"-Frage, ob er eine Waffe trage. Solche martialischen Accessoires sind offensichtlich inzwischen nicht nur in den USA salonfähige Männlichkeits-Attribute. Vor ein paar Jahren hätten sich die Spin-Doktoren jedes Politikers die Haare büschelweise ausgerissen, hätte ihr Klient solche Sprüche vor der Presse geklopft. Jetzt verhallen sie unkommentiert. Die Gesellschaft hat sich an die Reanimation eines lange unbemerkt vor sich hin dämmernden Machismus inzwischen gewöhnt.

Auch der australische Regisseur Simon Stone, der sich Anfang 2018 anhand von August-Strindberg-Texten in die von einem neuen Machismus geprägte Gegenwart einarbeitete, sieht die Aufhebung der Grenzen zwischen Politischem und Privatem. In einem Interview, das er mit meiner Kollegin Karin Cerny während der Probenarbeit am „Hotel Strindberg" führte, eine Produktion, die am Theater Basel und dem Burgtheater gezeigt wurde, sagte er: „Der Aufstieg der Rechten und der konservativen Populisten, den wir gerade beobachten, hat meiner Meinung nach viel mit Genderfragen zu tun. Es gibt zahlreiche ältere Männer, die sich eingeschüchtert fühlen, die glauben, ihnen werde durch den Feminismus die Kontrolle über ihr Leben genommen. Sie sehen diese modernen starken Frauen und die ganzen sanften jungen Männer und sind völlig irritiert. Und deswegen wollen sie in ihre vergangene Welt zurückkehren. Das hat viel mit Misogynie und Chauvinismus zu tun."

Ohnmacht und Kontrollverlust

All diese alten und neu vermischten Typen sind, trotz ihrer Unterschiedlichkeit, durch ein Gefühl geeint: Abstiegsangst. Und diese Form der Angst ist vorrangig ein männliches Gefühl, nicht umsonst läuft die Wirtschaftskrise in den USA auch unter der Bezeichnung „Hecession", ein Begriffs-Hybrid aus He und Recession.

„Der Populismus", so der Soziologe Andreas Zick, „operiert sehr stark mit diesem Gefühl der Ohnmacht." Ohnmacht, das Gefühl, an der Wand zu stehen und die Kontrolle über die Selbstbestimmung zu verlieren, macht sich nicht nur unter den rechten Desperados breit, sondern unter Männern quer durch alle Schichten, Altersgruppen und Ideologien.

Der deutsche Modeschöpfer und Schriftsteller Wolfgang Joop lieferte mir schon im Jahr 2003 eine aus heutiger Sicht prophetische Analyse des ramponierten Mittelschicht-Mannes: „Natürlich ist der Mann heute eine traurige Figur. Er baut auf nichts mehr auf, hat nur noch einen Computerschirm vor sich, wird von einem Chef, der in einer anderen Etage sitzt, unter Druck gehalten, und zu Hause von einer emanzipierten Frau gedemütigt. Ein durch und durch tristes Dasein, in dem er sich häufig Ventile für schäbige Perversionen sucht."

In einem Interview mit dem „stern" beschreibt die Hamburger Sexualtherapeutin Katrin Hinrichs die Leiden der 45-plus-Männer in ihrem therapeutischen Alltag so: „Die sind wie Schiffe im Nebel, die sich verloren haben. Der Klassiker sieht dann so aus: Die Frauen verlieren die Lust am Sex, weil sie mit ihren Partnern keine echte Intimität entwickelt haben. Und die Männer wollen mehr Sex und haben keine Ahnung, dass sie sich eigentlich genauso nach tiefer Nähe und echter Intimität sehnen." Hinrichs bezieht sich mit dieser Metapher auf das Verhältnis zwischen Männern und Frauen; tatsächlich passt sie aber genauso auf die Suche nach einem neuen Selbstverständnis: Männer verhalten sich bei der Suche nach ihrer Identität wie „Schiffe im Nebel".

Die Fernsehreihe „Tatort" ist eines der längstdienenden Formate im deutschsprachigen Raum und, so sind sich alle Feuilletonisten einig, ein verlässliches Abbild gesellschaftlicher Realität. Kaum einer unter den über 20 ermittelnden Kommissaren verfügt über ein intaktes Familienleben und eine empathische Gattin, die abends verständnisvoll die Frage stellt: „Liebling, wie war deine Leiche?" Nahezu alle Ermittler schaufeln nach dem mühseligen Abklappern der üblichen Verdächtigen, inklusive der üblichen Fragen („Wo waren Sie gestern zwischen 20 und 4 Uhr?" oder „Hatte er/sie Feinde?"), abends allein in ihren trostlosen Wohnungen auf der Couch Fertiggerichte aus mikrowellenfesten Plastikschüsseln in sich hinein, die sie mit Bier umspülen. Ab und an verlieben sie sich kurzfristig in die Hauptverdächtige, driften angesichts der daraus entstehenden Berufsturbulenzen dann aber sofort wieder in den sicheren Hafen ihrer Beziehungsunfähigkeit. Die Kommissare von München, Münster, Wien oder Köln sind oft geschieden, einsam, ausgebrannt vom Job und Melancholiker, die die Hoffnung, dass sich irgendetwas in ihrem Leben noch ändern könnte, längst aufgegeben haben. Den doch stetig zuwachsenden Kommissarinnen geht es nicht viel besser: Schwarze Lederjacke, verwaiste Wohnung, Scheiß-Liebesleben.

Emotionale Vergletscherung

Um noch einmal Michael Kimmels zuvor erwähnte Lebensmittelmetaphorik für Männer zu strapazieren: Auch das biologische Vollkorn-Teegebäck hat so seine Probleme – sprich der gebildete, feministisch sozialisierte, halbwegs gut ausgebildete Mann. Besonders der in die Jahre kommende Vollkorn-Teegebäck-Mann, der aus Bequemlichkeit oder Narzissmus die Zeichen der Zeit negierte und mit 50 plus entsprechend deprimiert seine besten Jahre von der falschen Seite ansieht, liegt seit den 2010er-Jahren kontinuierlich unter dem Mikroskop der Literaten.

Tatsächlich haben Schriftsteller wie Philip Roth und John Updike schon in den 1970ern wertvolle Vorarbeit für die Koordinatenvermessung so gepolter männlicher Lebensmitte-Krisen geleistet.

„Er hatte die schlimmste Lektion gelernt, die das Leben auf Lager hat – nämlich, dass es keinen Sinn macht", lässt Mr. Roth einen seiner kaputten Helden in „Amerikanisches Idyll" in die Knie gehen.

Die im Juni 2018 verstorbene Kinderbuchautorin Christine Nöstlinger ließ die sich abzeichnende Krise bereits 1972 in ihrem Klassiker „Wir pfeifen auf den Gurkenkönig" anklingen. Das Erzählkind erklärt dort gleich am Anfang: „Papa ist 40 und Abteilungsleiter in einer Autoversicherung. Aber nur ein kleiner Abteilungsleiter. Mama sagt, dass er in dieser Firma höchstens drei Leute anschreien darf."

Das erfolgreichste Sprachrohr gekränkter Männlichkeit ist der Norweger Karl Ove Knausgård, der sein Leiden, Suchen und Sehnen in einem autobiografischen Werk, einem monumentalen Klagelied in sechs Bänden mit insgesamt 5000 Seiten, aufgetürmt hat. Er leidet darunter, dass er nicht mehr Mann genug ist, seine im Badezimmer eingeschlossene Frau mit einem Tritt durch die Tür befreien zu können, und ein „Mann mit Muskeln" diesen Job für ihn erledigt. Er langweilt sich endlos auf Kindergeburtstagen, auf denen ein Mann seiner Ansicht nach nichts verloren hat, nur traut sich das keiner zu sagen. (Anmerkung: Kein genderspezifisches Problem, Kindergeburtstage können die Hölle sein. Auch für Frauen.) Eigentlich möchte er mit der Leiterin der Krabbelgruppe schlafen, aber fühlt sich dafür dann doch „zu entmannt".

In einem Interview mit dem Online-Magazin „The Literary Hub" erklärte Knausgård: „Ich versuchte über männliche Werte zu schreiben – ich wurde in Skandinavien heftig kritisiert. Männliche Werte werden in unseren Breiten sofort mit Sexismus gleichgesetzt. Ich fühlte mich feminisiert, als ich einen Kinderwagen schob. Auch über dieses Gefühl wollte ich schreiben. Es sind die banalen, kleinen Details, die viel über das große Ganze erzählen – wie bei Proust, der meine Kathedrale ist."

Karl Ove Knausgård landete mit jedem der sechs Bände seines „autobiografischen Projekts" auf den Bestsellerlisten (auch im deutschsprachigen Raum). Männer unternehmen nahezu Pilgerfahrten zu seinen Lesungen, die inzwischen Popkonzert-Charakter haben. Das zeugt davon, wie groß das Bedürfnis der Männer nach Artikulation ihrer Schmerzen ist. Da sie selbst noch immer große Hemmungen besitzen, diese Schmerzen auszudrücken, haben sie offensichtlich in Knausgård einen verbalen Stuntman dafür gefunden.

„Durch ihre gefühlsfeindliche Sozialisation ist Männern der Zugang zu ihren Gefühlen sowieso erschwert", so der seit nahezu 20 Jahren ausschließlich auf männliche Klienten konzentrierte deutsche Psychotherapeut und Autor („Männer. Erfindet. Euch. Neu") Björn Süfke: „Sie glauben gar nicht, wie oft mir in meiner Praxis Männer um die 50 nach einem Erstgespräch den Satz sagen: ‚Darüber habe ich noch nie mit jemandem geredet.' Und ich rede nicht von psychisch gestörten Männern. Manche von denen sind sogar auch noch seit über 30 Jahren verheiratet."

Für mich war in diesem Gespräch mit Süfke überraschend, dass die Unfähigkeit, sich und seine Probleme und Ängste zu artikulieren, nicht vorrangig ein Problem bildungsschwacher Männer ist. Im Gegenteil, wie Süfke tagtäglich in seiner Praxis erlebt: „Akademiker leiden meiner Meinung nach besonders an der unserer Sozialisation innewohnenden Tendenz, alleine klarkommen zu müssen."

„Was ein Mann ist", lautet der Titel eines Episodenromans des britischen Autors David Szalay aus dem Jahr 2018, der vom „Guardian" abwärts von den Kritikern als *die* literarische Aufarbeitung männlicher Schwächen gefeiert wurde. Initialzündung war für Szalay die immer häufigere Beobachtung, dass „Männer sich noch immer stark über ihren beruflichen und sexuellen Erfolg definieren. Und je älter sie werden, desto schwieriger wird das." Diese Schwierigkeit habe „Großspurigkeit, innere Leere, Verwundbarkeit und Lächerlichkeit" zur Konsequenz.

Eine wunderbare Skizze eines solch lächerlichen Verwundeten liefert die französische Autorin Yasmina Reza mit der Figur des Robert Toscano in ihrem Kurzgeschichtenband „Glücklich die Glücklichen". Toscano befindet sich gerade in der Hölle eines ehelichen Gemeinschaftseinkaufs in einem Supermarkt. Unterschiedliche Auffassungen über den Erwerb von Käsesorten und der Einwand, dass er dringend nach Hause müsse, um einen Artikel über den Goldpreis zu vervollständigen, lösen zwischen ihm und seiner Frau Odile einen Krieg aus: „Mit heruntergezogenen Mundwinkeln verhärtet sie sich, damit ich die Belanglosigkeit des Themas ermessen kann und, was noch schwerer wiegt, die Belanglosigkeit meiner Arbeit, meiner Bemühungen im Allgemeinen, als könnte man nichts mehr von mir erwarten, nicht einmal ein Bewusstsein für meinen eigenen Mangel an Ehrgeiz. Frauen nutzen alles, um dich runterzumachen, sie rufen dir liebend gern in Erinnerung, was für eine Enttäuschung du bist."

Die deprimierendsten Beispiele ramponierten Mannseins liefert verlässlich der französische Schriftsteller Michel Houellebecq. Er lädt in seinen Romanen „Elementarteilchen", „Karte und Gebiet" und zuletzt „Unterwerfung" zu ausgedehnten Spaziergängen durch das Karstland moderner Männlichkeit. Seine Protagonisten sind zerzauste Zyniker, die ihre Einsamkeit mit Binge-Konsum von Pornos und Escort-„Schlampen" aus dem Internet zu betäuben suchen.

Der Anti-Held seines jüngsten Romans „Unterwerfung" lebt in der sozialen Isolation, gelegentliche sexuelle Abenteuer mit meist jüngeren Frauen verpuffen im Nebel der Bedeutungslosigkeit: „Wenn ich den Beziehungen mit diesen jungen Mädchen ein Ende setzte, so geschah dies eher in Folge von Mutlosigkeit und Ermattung: Ich fühlte mich nicht mehr in der Lage, eine Liebesbeziehung zu gestalten, und hoffte, jede Art von Enttäuschung und Desillusionierung vermeiden zu können."

Der österreichische Filmemacher Michael Haneke bezeichnete diesen Zustand in einem „Zeit“-Interview als „emotionale Vergletscherung“.

Die französische Punkerin, Filmemacherin, Ex-Putzfrau, Ex-Prostituierte und Schriftstellerin Virginie Despentes hat mit ihrem Abstiegs-Roman „Das Leben des Vernon Subutex“ dieser Gefühlspalette aus der Perspektive eines Mannes ein literarisches Denkmal gesetzt. Ihr Pariser Verlierer Vernon, der sich mit Scheuklappen gegen die neue Härte des „Vulgärkapitalismus“ zu schützen versucht hatte, indem er sie einfach ausblendete, muss seinen Plattenladen zusperren und landet am Ende des Buches auf der Straße – als Clochard. 75 Prozent aller Obdachlosen in Deutschland sind übrigens Männer.

Kurzer Szenenwechsel in das wahre Leben: Die „Gruft“ ist eine Caritas-Einrichtung für Obdachlose im Wiener Gemeindebezirk Mariahilf im Keller der Barnabiten-Kirche. Wenn es Abend wird, verwandelt sich der Aufenthaltsraum in einen Schlafsaal. Die Tische werden aufeinandergestellt, dicke Gummimatten aufgelegt. 120 Männer und Frauen nächtigen, dicht nebeneinander, in diesem Zufluchtsort, der als Notschlafstelle dient. Tagsüber gibt's dreimal täglich warmes Essen, alte Illustrierte zur Lektüre und die Möglichkeit, sich und die oft einzigen Kleider zu waschen. Das Geschlechterverhältnis der „Gruft“-Schläfer spiegelt das Mann-Frau-Gefälle unter den Obdachlosen in Österreich. „Es handelt sich um ein Verhältnis von vier Männern zu einer Frau“, so Martina Pint, die die Institution damals managte, „wobei viele Frauen versteckt obdachlos sind. Sie prostituieren sich, um bei einem Mann temporär Unterkunft zu finden.“

Trennung oder Scheidung ist für das Gros der Männer das häufigste Ticket in die Abwärtsspirale. Despentes' Romanheld Vernon ist Single aufgrund von mit fortschreitenden Jahren wachsender Beziehungsunfähigkeit und ein entsorgter Leistungsschwächling, der unter die Räder der digitalisierten Konsumgesellschaft gekommen ist. Er agiert so, wie es viele

Männer in Krisen tun: „Im Angesicht der Katastrophe hält sich Vernon an einem Grundsatz fest: So tun, als ob nichts wäre. Er hat zugesehen, wie alles den Bach runterging, erst war es wie in Zeitlupe, dann legte der Absturz an Tempo zu." Eine der Konsequenzen dieser sozialen Schlittenfahrt: „Jetzt vögelt Vernon weniger als ein Ehemann." Die wenigen Frauen, die er noch als Couchsurfer an Land ziehen kann, behandelt er noch immer schlecht: „... wie alle Männer mit einem schwachen Selbstbewusstsein".

Despentes ging es in ihrem Roman nicht darum, der Welt etwas über den Zustand der Männer zu erzählen oder „Rache an ihnen zu nehmen", sie wollte ein Gesicht zu einem Zustand erfinden, den sie in Frankreich seit 2008, dem weltweiten Crash-Jahr, tagtäglich erlebt: „Wir befinden uns in einer kollektiven Depression." In unserem Telefongespräch hatte Despentes auf die Frage nach ihren Erfahrungen als Prostituierte geantwortet: „Ich wurde als Prostituierte immer gut behandelt. Männer sind tatsächlich viel sensibler und verletzlicher, als man annehmen möchte und sie selbst zuzugeben bereit sind. Sie haben eine durchaus weibliche Seite."

Diese weibliche Seite darf jedoch in den seltensten Fällen zum Klingen kommen. Da müssen wir, vor allem meine Generation, uns auch selbst an der Nase nehmen. Wir waren noch nicht reif für diese Art Mann. Wir Deppen dachten noch, dass es total männlich ist, wenn einer nicht zurückruft. Bei den sanfteren Männern kamen uns dann recht schnell Begriffe wie „Lulu" oder „Weichei" über die Lippen.

Nostra culpa, nostra maxima culpa!

Zwitter-Prinzen und androgyne Cyborgs

Wenn wir der Mode einen Vorreiter-Status und seismografische Sensorfähigkeiten für gesellschaftliche Entwicklungen in der fernen Zukunft attestieren, dann werden die Koordinaten männlich und weiblich in ein paar Jahrzehnten abgeschafft sein – zugunsten eines Geschlechts – des Menschen. Denn viele, meist homosexuelle Couturiers eliminieren neuerdings jegliche Form von maskuliner Energie auf ihren Catwalks und betreiben insofern Geschlechtsumwandlung, als dass extrem feminine Männer-Models extrem feminine Outfits vorführen. Angesichts dieser Roben lebt die Erinnerung an die Männermode im höfischen Leben der Renaissance und des Rokoko wieder auf, den Hochblüteperioden dessen, was in den 1990er-Jahren unter dem Begriff Metrosexualität seinen Niederschlag fand. Jean Paul Gaultier hatte 2009 die dafür noch nicht bereite Modewelt mit dem Männerrock bereichert: „Es ist ein Kleidungsstück, das auch Freiheit bedeutet. Aber die Einkäufer haben das damals noch nicht verstanden."

Die „Kultur des Ornaments" nannte Susan Faludi diesen Stil männlicher Selbstinszenierung. Der Glamour-Fotograf Mario Testino sieht in dieser Entwicklung nichts Neues: „Diese subtile Widerspenstigkeit gegenüber gesellschaftlichen Normen macht sich in der Männermode schon lange bemerkbar. Denken Sie nur an die Schneider der Londoner Savile Row, die ihre Anzüge stets mit einem Schuss Farbe säumten."

Fashion-Redakteure haben sich inzwischen daran gewöhnt, dass Männermodels neuerdings wie Zwitter-Prinzen aus einem bizarren Märchenland oder wie androgyne Cyborgs aussehen. Egal ob bei Raf Simons, Balenciaga, Gucci, dem Londoner Charles Jeffrey oder dem Spanier Palomo Spain – Männlichkeit in der althergebrachten Variante scheint zurzeit völlig aus der Mode gekommen zu sein. Das „gender bending", wie es die Modewelt nennt, sprich die Aufhebung aller Grenzen von Geschlechterkonformität, wird gegenwärtig bis zum Anschlag ausgereizt. Wer in diesen höchst theatralischen Outfits im Alltag spazieren gehen soll, ist unklar. Doch pragmatische Fragen dieser Art sind in der Modewelt ohnehin unangebracht. Denn, um „Vogue"-Chefkritikerin Suzy Menkes zu zitieren: „Mode ist doch nichts anderes als der Luxus der Anarchie." Palomo

Spain, dessen Shows gigantische Spektakel für die inter- und transsexuelle Community sind, bringt es auf den Punkt: „Wir wollen jungen Männern Mut machen, dass sie ihre weibliche Seite ohne Furcht ausleben können."

Kulturhistorische Fußnote: Der damalige Bundestags-Vizepräsident Richard Jaeger, natürlich ein CSU-Mann, hatte 1970 angekündigt, dass er Frauen in Hosen das Rederecht entziehen werde. Er war jedoch nicht anwesend, als die SPD-Abgeordnete Lenelotte von Bothmer in einem Hosenanzug das Bundestags-Podium betrat. Mit diesem Akt der Rebellion schaffte es von Bothmer damals sogar in die Weltpresse und wurde in der deutschen Öffentlichkeit als „disziplinloses, ganz unanständiges Weib" beschimpft. Wirkt wie eine Veteranen-Anekdote aus der Eiszeit, ist aber de facto noch gar nicht so lange her.

Keine Komfortzone mehr

Das Gros der jungen Männer hat aktuell jedoch ganz andere Sorgen. Die Befindlichkeit und Analyse junger Menschen gehört zum täglichen Brot des Jugend- und Marktforschers Bernhard Heinzlmaier. Seine Analyse: Noch nie war der Stress am Arbeitsmarkt so brutal wie heute. Das gilt besonders für junge Männer, die verstärkt schon in der Ausbildung den Mädchen hinterherhinken:

„Viele müssen mehrere Eisen im Feuer haben und finden mit einem Job nicht mehr das Auslangen. Für jeden schlecht bezahlten 1200-Euro-Job bekommt man Hunderte Bewerbungen, und hoch ausgebildete Youngsters schlagen sich die Schädel ein."

Seit dem Zweiten Weltkrieg sei keine Generation dem Job-Wettbewerb „so ausgeliefert" gewesen: „Und die Verletzlichkeit wächst und wächst." Dieses Phänomen sei nicht nur auf bildungsschwache Schichten beschränkt, sondern greife auch bei Maturanten, Akademikern und Fachschul-Absolventen immer stärker um sich: „Diese Gesellschaft signalisiert den Jungen ganz klar, dass sie nie durchatmen und sich nie entspannt zurücklehnen werden können."

„Verletzlichkeit", „totale Deregulierung", „keine Komfortzone mehr" und „völliger Verlust von Stabilität" sind weitere Begriffe, mit denen der Betreiber des in Wien und Hamburg beheimateten Trendinstituts tfactory die Emotionspalette jener Generation junger Männer beschreibt, die sich aufgrund ihrer Sozialisation noch weiterhin durch beruflichen Erfolg und Versorgerfähigkeiten ihr Selbstbewusstsein zimmern.

In dem Theaterstück „Die wunderbare Zerstörung des Mannes", das im Frühsommer 2018 in Wien und Bregenz aufgeführt wurde, spricht ein Protagonist aus, was sich viele nicht zu sagen trauen: „Weil ich mir denke: Ich bin nicht schuld daran, dass irgendwie seit Jahrhunderten Männer immer die besseren Jobs kriegen, gesellschaftlich irgendwie immer besser dastehen und seit Jahrhunderten bevorzugt werden. Ich brauch jetzt den Job. Warum soll ich jetzt auf einmal der sein, der schuld ist. Warum muss ich denn jetzt irgendwie diese Scheiße übernehmen. Wie komm ich überhaupt dazu?"

Zwei Drittel aller deutschen Förder- und Sonderschüler sind männlich, auf ein ähnliches Verhältnis zu Mädchen schätzt man die Anzahl männlicher Schulabbrecher. Laut einer OECD-Studie machen nur 42 Prozent der männlichen Teenager Schulabschlüsse. In westlichen Industrieländern, so der britische „Economist", versagen 50 Prozent mehr Buben als Mädchen in den Gegenständen Mathematik, Sprachen und Naturwissenschaften. Frauen stellen – laut „Economist" abgesehen von Südasien und Subsahara-Afrika – die Mehrzahl der Studierenden auf den Universitäts-Campussen dieser Welt.

„Das zukünftige Erwerbskapital liegt in der Hirnarbeit", schreibt der „Economist", „und da sind viele Männer im Hintertreffen. Muskeln zählen nichts mehr – jeder Bagger kann ein Dutzend Männer mit Schaufeln ersetzen, jeder chinesische

Stahlarbeiter ist um Häuser billiger als sein amerikanisches Pendant. Nur realisieren viele Männer diese Entwicklungen noch nicht und verabsäumen es, sich an diese neuen Herausforderungen anzupassen."

Die Statistik spiegelt die vernichtenden Konsequenzen dieser Adaptionsunfähigkeit: 93 Prozent aller US-Häftlinge sind Männer, 79 Prozent aller Mordopfer weltweit sind männlich und 66 Prozent aller Suizide auf diesem Planeten werden von Männern verübt.

Und selbst in erz-patriarchalischen und oft auch frauenverachtenden Gesellschaftsstrukturen wie im arabischen Raum ist der männliche Stolz zunehmend Crashtests ausgesetzt und bröckelt nachweisbar. Die britische Wissenschaftsjournalistin Shereen el-Feki, die zuletzt ihre Buch-Analyse über das Liebesleben in der arabischen Welt „Sex und die Zitadelle" publizierte, untersuchte in Zusammenarbeit mit der Nichtregierungs-Organisation Promundo in Washington und lokalen Partnern in den jeweiligen Ländern zwei Jahre lang 10.000 Männer und Frauen zwischen 18 und 59 Jahren in Ägypten, Libanon, Marokko und Palästina. Ihr Fazit in der „Süddeutschen Zeitung": „Die Männer stehen unter einem enormen Druck. Mehr als 90 Prozent gaben an, um ihre Sicherheit zu fürchten und sich Sorgen um ihre Familie zu machen." Diese Ängste betrafen nicht nur die Bewohner von Kriegs- und Konfliktgebieten, sondern auch ganz normal lebende Männer in Ägypten oder Marokko. Der Zusammenhang zwischen Selbstverständnis und Broterwerb zog sich durch alle Antworten: „Mit tief greifenden Konsequenzen für die männliche Gemütsverfassung – in Ägypten sprachen viele Männer davon, nur mehr mit Schmerztabletten durch den Tag zu kommen." Die Hälfte der befragten Ägypter und Palästinenser gaben an, „sich häufig gestresst und depressiv zu fühlen, sich aber vor ihren Familien dafür zu schämen".

Ein interviewter Marokkaner sprach aus, was sich viele muslimische Männer nicht zu sagen trauen, und beweist, dass die Ängste trotz unterschiedlicher Kulturkreise durchaus ähnlich sind: „Es ist eine Last. Wir sollten arbeiten, heiraten, ein stabiles Einkommen garantieren. Aber das ist sehr schwer. Männer sind ebenfalls Opfer dieser überkommenen Vorstellungen von Männlichkeit und Patriarchat."

„Die Schule nicht so fertig gemacht"

In den deutschsprachigen Meinungsmedien wird seit den 2010er-Jahren in regelmäßigen Abständen die „Männerdämmerung" ausgerufen, wie der „Spiegel" Anfang 2013 eine Covergeschichte titelte und den Artikel mit den Worten einleitete: „Jungen versagen in der Schule, Männer verlieren ihren Job, Kinder wachsen ohne Vater auf. Gesucht wird der moderne Mann." Wir „profil"-Frauen riefen den Mann schon 2008 zum Pflegefall aus: „Das schlappe Geschlecht. Wie die Wirtschaftskrise zur Zerreißprobe für den Mann wird." Damals noch gegen den Widerstand einiger Kollegen in den bei uns immer in produktiver Hitzigkeit geführten Redaktionskonferenzen, die diese Thesen für übertrieben erachteten.

In einem „Zeit"-Dossier aus dem Jahr 2014 über den Zustand des Mannes und seine Unfähigkeit, „mit dem gesellschaftlichen Wandel Schritt zu halten", hieß es: „Der moderne Mann befindet sich in der Phase eins der Trauer über die verlorene Macht – er ist noch in der Phase, in der der Verlust noch geleugnet wird."

Ein wunderbares Beispiel für diese Verleugnungsstrategie lieferte der österreichische Kabarettist Josef Hader mit seinem Film-Debüt „Wilde Maus" 2017, wo er den 55-jährigen Musikkritiker Georg spielt, der aufgrund von Rationalisierungsprozessen über Nacht seinen Job in der Zeitung verliert. Seine zwölf Jahre jüngere Freundin nervt ihn ohnehin schon mit einem panischen Kinderwunsch, deswegen tut er das, was unter arbeitslosen Männern nicht ungewöhnlich ist: Er arrangiert sich mit dem Verlust der Macht, indem er ihn einfach negiert und jeden Morgen simuliert, zur Arbeit zu gehen. Bis zu dem Moment, wo ihm die Sicherungen durchknallen.

„Ich bin dieser Figur schon in dem Sinn ähnlich, dass ich sehr dünnhäutig und leicht zu verletzen bin“, erzählt Hader in der „Kleinen Zeitung“, „aber dort, wo die Figur von einer dumpfen Wut und Lähmung befallen ist, setzt bei mir ein Trotz ein, den ich in Aktivität umsetzen kann.“ Ein solcher Überlebensmechanismus ist dem Gros der Frust-Männer nicht vergönnt. Vor allem, wenn die Straße der Verzweiflung schon im Frühstadium einer Erwerbsbiografie beschritten werden muss.

Die Männer der Generation Y oder „Maybe“, wie die Altersgruppe der 25- bis 35-Jährigen ob ihrer Unentschlossenheit oft apostrophiert wird, sind noch nicht in der Verlegenheit, den Verlust von Macht zu beklagen, denn sie haben noch nie einen Frontplatz in der Leistungsgesellschaft besessen. „Rechnen Sie mit bis zu 400 Bewerbungen“, erklärte ein Headhunter dem bereits mehr als verzweifelten Wiener Absolventen eines Maschinenbaustudiums Paul T., 27, der, wie er mir in einem anonymisierten Interview erklärte, seit eineinhalb Jahren erfolglos auf Jobsuche war. Und völlig frustriert davon, dass sein Leistungseinsatz auf der Uni sich in der Realität nicht bezahlt machen wollte: „Mir wurde so viel versprochen und am Ende stand ich mit leeren Händen da. Ich fühlte mich regelrecht betrogen.“

„Ich bin Hartz IV“, ist ein beliebter Spruch unter Berliner Türken, er deckt ihre Verzweiflung mit der Schutzschicht Trotz zu. Für Burschen aus dem Migrationsmilieu fühlt sich der spätere Realitätscheck beim Versuch, im Erwerbsleben Fuß zu fassen, besonders hart an. Was auch damit zusammenhängt, dass sie in von Machismus verseuchten Komfortzonen hochgepäppelt wurden. „Besonders Türken werden von ihren Müttern ja gleich Götzen verehrt und zu Prinzen hochstilisiert“, so Heinzlmaier: „Daraus entstehen selbstgefällige Prinzen, die aber später nichts haben, worüber sie herrschen können und nicht viel mehr sind als, brutal ausgedrückt, Unterschichtwappler mit einer komischen Frisur. Das macht dann natürlich entsprechend aggressiv."

Die noch immer ungebrochenen patriarchalen Strukturen fordern auf beiden Seiten ihre Opfer. Frauen müssen um Rechte kämpfen, die im 21. Jahrhundert paradoxerweise noch immer keine Selbstverständlichkeit sind, wie gleiche Bezahlung und gleicher Zugang zu Macht und Verantwortung. Männern wiederum bricht der Boden unter den Füßen weg, weil sie ihre Versorger- und Erhalterrolle in diesem System nicht mehr behaupten können. Das führt unter den geschwächten Starken zu einer massiven Flucht in die Selbstinszenierung und Selbstoptimierung und auch „zu einer Beschwörung von Attitüden der Männlichkeit", so der Theatermacher Martin Gruber.

Szenenwechsel in eine Veranstaltung des Arbeitsmarktservice (AMS) für junge Jobsuchende in Wien. Mein Informant ist der Sohn einer Bekannten, der sich dort regelmäßig einzufinden hat, aber seine Jobsuche zugunsten einer künstlerischen Karriere äußerst halbherzig betreibt. Er schneidet die Veranstaltung undercover mit seinem iPhone mit.

Auf die Frage des sogenannten Clearing-Coaches, was er sich denn von seiner beruflichen Zukunft wünsche, antwortet der 23-jährige Serbe N.: „Keine Ahnung. Hab keinen Plan. Möchte was machen mit Elektrik vielleicht. Geld ist mir schon wichtig. Mit Elektrik kann ich ja vielleicht auch was schwarz machen."

Die ungeschönt ehrliche Antwort des Serben, der „die Schule nicht *so* fertig gemacht hat" und sich bislang mit Gelegenheitsjobs über Wasser hielt, fällt so aus wie die vieler anderer.

Die am häufigsten zum Einsatz kommenden Phrasen in diesen Clearing-Veranstaltungen sind „Kein Plan", „Weiß nicht so genau" oder „Keine Ahnung". Im grau-beigen Ambiente der Arbeitsmarktservice-Dependance am Wiener Mexikoplatz treffen im Frühsommer 2017 alle möglichen Nationalitäten aufeinander: zwei Türken, ein Serbe, drei Österreicher und zwei Afghanen. Das emotionale Klima, das vorherrscht, beschreibt ein Teilnehmer des Clearings so: „Ein großes Gefühl der Verlorenheit. Es ist alles ein bisschen wie in der Schule, nur noch sinnloser."

Dass das Gefühl, nicht gebraucht zu werden und nur im Weg zu stehen, die Psyche lähmt und sich in Depressionen und psychosomatischen Beschwerden niederschlägt, ist bekannt. „Unterforderung übt auf Menschen genauso negativen Stress wie Überforderung aus", so Peter Stippl, ein auf Krisenintervention spezialisierter Psychotherapeut: „Der mit Arbeitslosigkeit einhergehende Verlust von Tagesstrukturen wirft viele aus der Bahn." Ein „grauer Berg der Zeit", so die Metapher eines Betroffenen für die Bewältigung seines Alltags, erzeugt Angst und Beklemmung. Unbehagen und Angst sind die verlässlichsten Motive für die Flucht in fremde Welten. Österreichs Teenager belegen im internationalen Vergleich einen Spitzenplatz, was den Früheinstieg in Drogen und Alkohol betrifft.

„Neben der Flucht in die Drogen werden bei solchen jungen Männern die Wertesysteme verrückt", erzählt Stippl, „als Disco-König, beim Streetfighten, Drogendealen oder Kampftrinken holen sie sich dann das Gefühl, wieder jemand zu sein."

Ohnmacht, das zersetzende Gefühl, keine Bedeutung zu haben, Frustrationen und die daraus resultierende Wut, der Neid, niemals Zugang zum Bling-Bling-Lifestyle ihrer Rap- und Hiphop-Idole und der präventiv verhassten Elite zu kriegen: Für radikale Milieus wie Rechtsextremisten oder Islamisten seien solche jungen Männer leicht zu instrumentalisierendes Menschenmaterial, denn dort kriegen sie endlich das Gefühl, nach dem sie sich so sehnen: „Anerkennung und das Gefühl von Bedeutung."

Die Frustration unter vielen Männern ist groß, aber hat noch viel mehr Entwicklungspotenzial. Und, wie wir schon im Psychologieunterricht in der Schule eingetrichtert bekamen, geht jeder Aggression eine Frustration oder eine Kränkung voraus.

Die Abwärtsspirale

Der israelische Computerwissenschaftler Moshe Vardi, einer der meistzitierten Experten zu den Themen Roboter in der Arbeitswelt und künstliche Intelligenz, prognostiziert eine Katastrophe: „Männer im arbeitsfähigen Alter werden keine Jobs mehr finden und Probleme haben, zu heiraten und Familien zu gründen. Wir gehen auf eine soziale Krise mit politischen Dimensionen zu."

Er fordert eine Politik, die sich mit solchen Verlierern beschäftigt. Das bedingungslose Grundeinkommen sei nur eine ökonomische Strategie, die die wachsende Verunsicherung und das Gefühl des Versagens und des Scheiterns nicht lindern wird können.

Ganz klar: Wir müssen uns um diese Männer kümmern, denn wenn sie allein gelassen werden, kann das gefährlich werden. Nur wie? Und wer ist überhaupt wir?

Mütter, Väter, Frühpädagogen, Lehrer (inklusive geschlechtsspezifischer Maßnahmen im Bildungssystem – ADHS ist ein nahezu reines Buben-Problem), keine Halbherzigkeiten mehr für Arbeitslose, sondern sinnstiftende Überbrückungsmaßnahmen, Erweiterung der Kinderbetreuung, um ein emanzipiertes Familienleben zu ermöglichen, in dem beide arbeiten können und nicht die ganze Versorgerlast am Mann hängen bleibt. Gender-Forschung als Unterrichtsgegenstand und Geld, Geld, Geld für einen niedrigschwelligen Zugang zu psychologischer und sozialer Betreuung für hilfebedürftige Männer. Naiv?

Ja, aber hat irgendwer andere Ideen?

Wie dramatisch und dringlich die Situation schon seit Längerem ist, zeigte das britische Wirtschaftsmagazin „The Economist" in einer Coverstory 2015 mit dem Titel „The Weaker Sex: Men adrift", wobei das Wort „adrift" mit „treibend", aber auch mit „hilflos" übersetzt werden kann. Die Unterzeile: „Schwach ausgebildete Männer haben es verabsäumt, sich an die neuen

Technologien und den Feminismus anzupassen. Sie haben keine Jobs, keine Familie und keine Hoffnung."

„Die Anforderungen haben sich drastisch verschärft", wird dort die Arbeitsvermittlerin Katie McCarty aus dem Bundesstaat Louisiana zitiert, „wenn du Lastwagenfahrer sein willst, brauchst du heute zumindest einen Highschool-Abschluss, um den Papierkram bewältigen zu können. Die meisten, die in diesen Job wollen, haben aber keinen."

Die private Konsequenz solcher Zurückweisungen sei, so der „Economist", dass „das Familienleben zertrümmert wird": „Frauen können sich durch ihre wachsende ökonomische Autonomie erlauben, wählerischer bei der Wahl ihrer Männer zu werden. Und sie auch schneller wieder verlassen."

Der 47-jährige Walter K. ist das so traurige wie anschauliche Beispiel zu diesen Ausführungen. Ich habe ihn vor einigen Jahren kennengelernt, als ich mit meiner damaligen Kollegin Nina Horowitz eine „profil"-Reportage über Delogierungen und Obdachlosigkeit machte.

Walter wohnte mit seinen vier Kindern und einer neuen Lebensgefährtin damals schon seit zwei Jahren in der Kastanienallee im Wiener Bezirk Meidling, einem Heim für delogierte Familien. Ein tristes Ambiente. Endlos verkachelte Gänge. Zehn Familien mussten sich hier eine „Waschanlage" teilen. In den spartanischen Küchen standen mehrere Herde nebeneinander. Der Kindergarten war längst stillgelegt, im Dach über dem Flur klafften tiefe Löcher. Trotzdem vermittelte der gelernte Dreher den Eindruck einer zumindest Ein-Stern-Geborgenheit. Das Glück in seinem Unglück war, dass er seine Sylvia, eine arbeitslose Feinkostverkäuferin, zuvor in einem Notquartier in der Gänsbachergasse kennengelernt hatte. Das Gros der Sozialhilfe dürfte für das üppig herumstehende Spielzeug draufgegangen sein, das die Kinder wohl in der trügerischen Sicherheit wiegen sollte, so etwas wie ein normales Leben zu führen. Das Elend, so Walter, habe mit dem Alkoholismus seiner ersten Frau begonnen: „Sie hat g'soffen und ist ständig einkaufen 'gangen, die Kinder waren immer mei Job. Nichts war ihr genug, alles ist an mir hängen geblieben. Und deswegen hab i a ka Arbeit halten können." Die Kinder hat sie ihm nach der Scheidung freiwillig überlassen, dann kam die Delogierung. Trennung ist für Männer, deren Kinder vor allem bei der Mutter leben, in der Regel mit existenzbedrohenden Zahlungsauflagen verbunden und das häufigste Ticket in die Abwärtsspirale, sprich ein Leben auf der Straße oder eben in staatlichen Auffanglagern.

Rivalität der Lebenskonzepte

Männer sind, wie viele Studien zeigen, wesentlich träger und unbeholfener in ihrer Flexibilität und Adaptionsfähigkeit – vor allem angesichts der Härtetests des Jobmarkts. Frauen, von Kind an auf Anpassung getrimmt, tun sich noch immer wesentlich leichter damit, Alternativen zu finden, wenn ihnen die Berufswelt die kalte Schulter zeigt: Familie, Beziehung, Aussehen, Kindererziehung.

Das Gefühl existenzieller Verunsicherung schlägt sich bei Frauen statistisch erforscht und belegt mit anderen Konsequenzen nieder. Zum Beispiel mit dem Rückzug in die häusliche Idylle und in traditionelle Rollenkonstrukte – diese Retrowelle war das Thema meines Buches „Schneewittchenfieber – Warum der Feminismus auf die Schnauze gefallen ist und uns das Retroweibchen beschert hat", das im Herbst 2014 in Österreich heftige Debatten ausgelöst hat.

Ich war damals auch zu Gast bei Claudia Stöckl in ihrer in Österreich sehr populären Ö3-Vormittagssendung „Frühstück bei mir", die wir im Vorfeld aufgezeichnet hatten. Während der Ausstrahlung konnten sich Zuhörer telefonisch melden, um Claudia Stöckl ihre Meinung zu meinen Thesen kundzutun.

Nach einer halben Stunde musste ich das Radio abdrehen; der Hass und die Aggression, die vor allem Frauen über mich schütteten, waren tatsächlich schwer zu ertragen. Und noch schwerer zu ertragen war es, ihnen nicht selbst antworten zu können. Claudia Stöckl erzählte mir später, dass die emotionalen Wogen selten so hochgeschlagen hätten wie während dieser Sendung. Die häufigsten Vorwürfe unter den Ö3-Anruferinnen: „Was kriegt die überhaupt ein Kind, wenn sie es eh in die Fremdbetreuung abschiebt?“ oder „Warum will die uns vorschreiben, wie wir zu leben haben?“

Nichts lag *der* ferner als das, ich bin keine Lebensstil-Gouvernante, und ich musste für mein emanzipiertes Leben als allein erziehende Mutter tatsächlich auch einen hohen Preis zahlen. Den ich – das nur nebenbei bemerkt – jederzeit wieder einsetzen würde.

Der Popstar Madonna hatte angesichts der vielen Trump-Wählerinnen und Hillary Clintons Wahlniederlage erklärt: „Frauen hassen andere Frauen. Das ist es. Es liegt in der Natur von Frauen, dass sie andere Frauen nicht unterstützen wollen. Es ist sehr traurig. Männer beschützen sich gegenseitig, Frauen beschützen ihre Männer und ihre Kinder.“

Das Gefühl, dass ein Mangel an Solidarität unter Frauen herrscht, fiel mir nach der Veröffentlichung von „Schneewittchenfieber“ stark auf. Ich wollte mit dieser Polemik ein Warnschild in die gesellschaftspolitische Landschaft stellen – für Frauen, die sich freiwillig in die finanzielle Abhängigkeit begeben und damit auch die Möglichkeit der Brüchigkeit einer Beziehung negieren. Schleichend war auch unter Frauen eine regelrechte Rivalität der Lebenskonzepte zu beobachten, denn plötzlich waren mir immer mehr Mütter zwischen Mitte 20 und Mitte 30 begegnet, die den Satz stolz auf den Lippen trugen, den wir, also die Generation davor, ohne eine gröbere Gaumenzäpfchenprellung nie herausgebracht hätten: „Ich muss nicht arbeiten gehen, mein Mann verdient genug.“

Was aber, wenn der Genugverdiener in zehn Jahren findet, dass er seine Midlife-Krise mit einem Beziehungs-Neustart in Form einer 20 Jahre jüngeren Yogalehrerin/Physiotherapeutin etc. beleben muss? Oder wegrationalisiert wird, weil jede Menge günstigere Mitzwanziger seinen Job wollen? Dann werden diese Neo-Hipster-Hausfrauen melancholisch aus ihren erdfarbenen Fairtrade-Blusen schauen. Denn die Kinder sind dabei, flügge zu werden, und der Arbeitsmarkt ist hardcore – vor allem ab einem gewissen Alter und ohne Berufspraxis.

Zeitverzögert sprangen auch andere Medien auf den Themenzug des so bedrohlichen wie anachronistisch anmutenden Hausfrauen-Revivals auf, das auch hoch ausgebildete Jung-Mütter erfasst hatte. Das deutsche Nachrichtenmagazin „Der Spiegel" propagierte „das Comeback der Hausfrau" 2016, also erst zwei Jahre später: „Die Hausfrau feiert als Lebensmodell junger Akademikerinnen ein Comeback. Ihnen stehen alle Türen offen, doch mit der Geburt der Kinder tauschen viele die Karriere gegen die Kittelschürze. Ist die Emanzipation am Ende?"

Nein, aber vor den Eklats um Trump und Harvey Weinstein und die daraus entstandene Protestbewegung war der Feminismus ziemlich auf Pausetaste gedrückt. Was Männer dennoch nicht davon abhielt und abhält, sich von ihm bedroht zu fühlen. Der Rückzug der Frauen aus der Berufswelt in traditionelle Lebenskonzepte hat aber nicht nur Nachteile für die, die sich so in eine neue Abhängigkeit begeben, er erhöht auch den Druck auf die dazugehörigen Männer vehement.

Am 19. November wird in 60 Ländern der internationale Männertag gefeiert – mit dem Ziel, überkommene Geschlechterklischees zu überwinden. Eine Gelegenheit, die viele Männerorganisationen nicht ungenützt verstreichen lassen wollen, um, wie es die Initiatoren im Landkreis Dachau in Bayern 2017 der „Süddeutschen Zeitung" klarmachten, „ein häufig vernachlässigtes Thema, nämlich die Unterdrückung des Mannes", ins rechte Licht zu rücken.

Was gleichzeitig so paradox wie berechtigt ist. Die wichtigsten Koordinaten und Ursachen der männlichen Krise, die ihren Ursprung in der Verschärfung der wirtschaftlichen Lage und den veränderten Arbeitsverhältnissen haben, habe ich versucht zu skizzieren. Einer in der „Süddeutschen“ zitierten US-Studie zufolge fühlen sich mehr männliche Millenials, also Männer zwischen 18 und 34, wegen ihres Geschlechts diskriminiert als Frauen. Sie finden, dass ihre Aufstiegschancen beschränkt seien, weil Frauen bevorzugt würden.

Solchen Gefühlen gegenüber stehen Fakten, die belegen, dass Frauen in der Gleichberechtigung noch immer drastisch benachteiligt sind. Laut Forbes sind 96 Prozent aller Selfmade-Milliardäre männlich, ebenso 95,2 Prozent aller CEOs weltweit. Unter den 100 reichsten Menschen der Welt finden sich 10 Frauen. Frauen besitzen laut der Ökonomin Alyssa Schneebaum in Österreich 23 Prozent weniger Nettovermögen als Männer. 60 Prozent der Studierenden an österreichischen Universitäten sind Frauen, jedoch nur 23 Prozent der Professoren weiblich. 1997 waren 11,3 Prozent aller Abgeordneten weltweit weiblich; wie zäh die Gleichberechtigung tatsächlich vorangeht, beweist, dass sich 20 Jahre später die Zahl mit 23,5 Prozent bloß ein wenig mehr als verdoppelt hat.

Eine parlamentarische Frauenquote von 50 Prozent und mehr schaffen laut Weltbank-Atlas der Nachhaltigkeitsziele auf diesem Planeten nur zwei, durchaus überraschende Länder: Bolivien mit 53,1 Prozent und Ruanda mit sogar 61,3 Prozent. Ansonsten könnte man hier die Perlenreihe der Gerechtigkeits-Schieflagen bis zum Abwinken weiterführen, ist aber langweilig, ich weiß.

Seit dem Erscheinen von „Schneewittchenfieber“ wurde ich regelmäßig als Diskussionsteilnehmerin zu „Equal Pay Day“-Veranstaltungen eingeladen. Diese Veranstaltungen haben inzwischen für mich etwas von dem Film „Und täglich grüßt das Murmeltier“. Immer die gleichen, sich nur marginal verschiebenden Zahlen, die von der Benachteiligung der Frauen zeugen. Und im Großen und Ganzen immer die gleiche Formel als Konsequenz einer offenbar nicht zu behebenden Schieflage: Frauen müssen im Schnitt drei Monate länger arbeiten, um das gleiche Jahreseinkommen wie Männer zu erzielen.

Kleiner Auszug aus einem Dialog des Theaterstücks „The Who and the What“ von Ayad Akhtar:

Zarina: „Ich schreibe einen Roman.“

Eli: „Worum geht es?“

Zarina: „Gender-Politik.“

Eli: „Und was passiert dann?“

Wenig bis nichts wahrscheinlich.

Um uns darüber ausführlich zu empören, haben wir noch ein bisschen Zeit, genauer gesagt 456 Jahre, denn dann herrscht laut dem US-Feminist Research Center insofern Gleichstand, als dann „genauso viele Männer wie Frauen in den Vorstandsetagen sitzen“. Doch keine Studie ohne Gegenstudie, so ist die Forschung nun einmal gebaut: Die US-Frauenforschungsorganisation Catalyst prognostizierte den geschlechtlichen Breakeven in Führungspositionen schon in 40 Jahren, allerdings mit dem Wermutstropfen, dass diese Frauen zu einem Großteil alkoholabhängig oder kinderlos, manchmal eben auch beides, sein werden.

Gleiche Bezahlung für gleiche Jobs gehört gesetzlich verankert, sonst wird das nichts. In Island werden Firmen, die sich nicht daran halten, zur Rechenschaft gezogen. Bei uns angeblich auch, nur hört man davon nie etwas.

Es wird uns jedoch nicht weiterbringen, wenn Geschlechterdebatten im 21. Jahrhundert nur mit den gleichen Argumenten wie in den Siebzigerjahren des 20. Jahrhunderts geführt werden.

„Männer und Frauen sind aufeinander angewiesen“, erklärt die deutsche Schriftstellerin Alexa Hennig von Lange, „eine neue Frauenbewegung muss auch die Zukunft des Mannes bedenken.“ Statt einander fertigzumachen, sollten wir uns alle zum Richtungswechsel fertig machen.

Die 75-jährige deutsche Paradefeministin Alice Schwarzer hielt in einem gemeinsamen Gespräch vor mehr als einem

Jahrzehnt die Beschäftigung mit männlichen Befindlichkeiten für übertrieben: „Er ist zu einem Modetrend verkommen, dieser Beschäftigungswahn mit dem Mann. Er birgt auch die Gefahr, dass Frauen sich dann in diesem gemütlichen, pseudotherapeutischen ‚Ach, ich versteh dich doch irgendwie'-Kitsch einrichten. Frauen müssen, und da liegt der größte Aufholbedarf, lernen, nicht um jeden Preis geliebt werden zu wollen."

Da liegt die von mir früher so geschätzte Feministin, die in vielen Themen wie den muslimischen Männern eine große Unerbittlichkeit an den Tag legt, meiner Ansicht nach daneben. Es ist keine Reanimation von ewiggestrigem Biologismus, sich spezifisch mit dem Zustand der Männer auseinanderzusetzen. Emanzipation und der Kampf um die Gleichberechtigung sind ja nicht gleichzusetzen mit Männer-Bashing. „Schließlich wollen wir Frauen nicht mit kurzgeschorenen Haaren und in Kampfstiefeln allein in den Bergen leben, sondern in einem Miteinander", ergänzte Amerikas große Feministin Erica Jong diese These.

Und das Hauptmotiv dafür, Männer verstehen zu können, ist außerdem keine Nächstenliebe, sondern purer Egoismus: Schließlich haben die Frauen von heute und morgen ein Recht auf Partner, denen sie auf Augenhöhe begegnen können und die sich nicht durch Abwertungsprozesse an emanzipierten Frauen rächen müssen. Ohnmacht erzeugt nämlich in der Regel Aggression. Die ständige Auf- und Abrechnung der jeweiligen Schwächen und Defizite führt uns in die Irre. Das bringt einfach nichts.

„Diese Mann-Frau-Geschichte ist keine Sportveranstaltung, bei der es um Punktesiege geht", sagte Hildegard Knef knapp vor ihrem Tod. Die war allerdings bis zur Schmerzhaftigkeit so emanzipiert, dass sie gar nicht darüber nachdenken musste.

#MeToo-Hurricane: Die entglittene Jagd auf sexistische Saurier

„Hör mal, Alter, wenn ich nicht sexistisch bin, krieg ich doch kein Date mehr.“

Aus einem Gespräch zwischen zwei U-Bahn-Passanten

„So bin ich nun einmal aufgewachsen.“

Harvey Weinstein, Filmproduzent

#everybodyfuckingknew

Scott Rosenberg, Drehbuchautor

Ich verehre Senta Berger. Nicht nur, weil sie Arthur Schnitzlers „Fräulein Else“ liest wie keine andere – den Totentanz einer jungen Frau, die sich einem reichen Mann hingeben soll, um ihren bankrottgegangenen Vater vor dem endgültigen Ruin zu retten, also quasi eine Prae-#MeToo-Novelle –, sondern auch, weil sie eine Feministin der allerersten Stunde ist. Und sie zu einer Zeit, als für junge Frauen Wehrhaftigkeit noch existenzbedrohend werden konnte, klarmachte, dass sie kein Freiwild ist. In ihrer 2006 erschienenen Autobiografie „Ich habe ja gewusst, dass ich fliegen kann“ erweist sie sich als Pionierin der #MeToo-Bewegung. Dort schildert sie den Übergriff des 45-jährigen Superstars O.W. Fischer auf die damals 19-jährige Senta Berger im Hotel Negresco in Nizza: „O.W. Fischer stürzte sich auf mich und versuchte meine Bluse zu öffnen. Dabei fiel ich mit dem Stuhl nach hinten und er auf mich ...“ Als sie sich zur Wehr setzte und „ihm mit der Hand ins Gesicht fuhr, gab er mir eine entsetzliche, eine brennende Ohrfeige und flüsterte:

‚Sei doch nicht so dumm.'" Am nächsten Tag wurden die Spuren dieses Kampfes, in Form von blauen Flecken auf den Oberarmen, für den Dreh weggeschminkt. In ihren Erinnerungen finden sich noch einige solcher Erlebnisse, die klar beleuchten, mit welcher konsequenzfreien Selbstverständlichkeit Frauenverachtung und Sexismus in diesen Zeiten an der Tagesordnung waren. Harvey Weinstein hatte viele ideologische Patenonkel. „Es ist doch nichts passiert", soll einer von Weinsteins Stehsätzen gelautet haben, wenn er die jungen Schauspielerinnen nach erfolgreichem Missbrauch wieder aus seinem Hotelzimmer entließ.

Auch der legendäre Filmproduzent Darryl F. Zanuck empfing Senta Berger 1965 in einem seidenen Schlafrock, natürlich mit nichts drunter: „Es gab ein kurzes, absurdes Gerangel zwischen uns." Die Rolle, für die sie vorgesehen war, bekam Berger nicht, aber einer Weltkarriere hat ihr Widerstand keinen Abbruch getan.

Im Sommer 2018 war die heute 77-jährige Filmproduzentin und Autorin zu Gast in Heinz Sichrovskys Literatursendung „Erlesen" im ORF und antwortete auf die Frage nach ihrer Sicht auf den #MeToo-Diskurs: „Es hätte die wichtigste gesellschaftspolitische Bewegung seit den 1970er-Jahren werden können, aber leider wird die Debatte auf eine furchtbar populistische und vulgäre Art geführt." Eine Meinung, die auch ihre Kollegin, die 68-jährige Schauspielerin Iris Berben, teilt. In ihrer Funktion als Präsidentin der Deutschen Filmakademie erklärte sie: „Die Debatte ist ungeheuer wichtig, aber ich glaube nicht, dass sie immer richtig geführt wird. Es wird zu viel in einen Topf geworfen. Manche Reaktionen zeugen von Ermüdung, Zynismus und Häme."

Trotz meiner anfänglichen Begeisterung, dass #MeToo den Feminismus aus seiner Agonie geweckt hat, machte sich in mir schon sehr früh Unbehagen bemerkbar. Es war einfach irritierend und kontraproduktiv für den Diskurs, dass sämtliche Delikte – egal ob es sich um eine ins Schlüpfrige abgeglittene E-Mail, einen Kniegriff unter einem Konferenztisch vor 20 Jahren oder eine sexuelle Nötigung ohne Einvernehmlichkeit von letzter Woche handelte – mit gleicher Vehemenz und Empörung geahndet wurden. In der Hierarchie der Wahrnehmung und des medialen Gemetzels machte das im Wesentlichen keinen Unterschied. Dass das Wort „Hexenjagd" hinter vorgehaltener Hand immer öfter geflüstert wurde, konnte man nachvollziehen.

Die Bademantel-Hölle des Harvey Weinstein

Eine schnelle Chronologie der Ereignisse, die möglicherweise die wichtigste genderpolitische Bewegung seit dem Kampf um das Recht auf Abtreibung lostraten – die tatsächliche Bedeutung von #MeToo für einen gesellschaftlichen Klimawandel werden die Genderforscher erst in ein paar Jahren ermessen können.

Die afroamerikanische Frauenrechtlerin Tarana Burke erfand bereits 2006 für ihre Aktion „Girls For Gender Equity" (Mädchen für Gleichberechtigung) die Phrase me too – mit damals noch überschaubarer Durchschlagskraft. Die Digitalisierungs- und Vervielfältigungswunderwaffe Hashtag sollte erst 2007 erstmals im Netz zum Einsatz gebracht werden. Burke wollte mit dem Slogan jungen, unterprivilegierten Frauen mit Übergriffs-Erfahrungen das Gefühl geben, dass „sie nicht alleine dastehen" und eine Stimme haben.

Am 5. Oktober 2017 erschien in der „New York Times" das erste Unsittenbild des Systems Harvey Weinstein: Die Investigativ-Reporterinnen des Blatts Megan Twohey und Jodi Kantor, die im Jahr darauf für ihre Arbeit mit dem Pulitzer-Preis belohnt wurden, titelten den Artikel betont sachlich: „Wie Harvey Weinstein über Jahrzehnte Klägerinnen, die ihn sexueller Attacken bezichtigt hatten, auszahlte". Der welterschütternde Artikel begann mit dem Absatz: „Vor zwei Jahrzehnten lud der Hollywood-Produzent Harvey Weinstein Ashley Judd in das

Peninsula Beverly Hills Hotel zu einem, wie die junge Schauspielerin dachte, Business-Meeting-Frühstück ein. Doch stattdessen ließ er sie in sein Zimmer hinaufschicken, wo er sie in einem Bademantel begrüßte und sie fragte, ob er ihr eine Massage geben oder sie ihm beim Duschen zusehen könne. Ms. Judd erinnert sich, damals nur gedacht zu haben: ‚Wie komme ich hier so schnell wie möglich heraus, ohne Harvey Weinstein völlig zu befremden?'"

Detaillierte Aufzählungen folgten, wie Weinsteins Bademantel-Dramaturgie System hatte und wie sich Mitarbeiterinnen, Models und Schauspielerinnen in einem Zeitraum von über 30 Jahren damit konfrontiert sahen. In dem Bericht war auch von Abschlagszahlungen die Rede, zwischen „80.000 und 150.000 Dollar", um Strafanzeigen aus dem Weg zu räumen. Solche Zahlungen waren Alltag für die Buchhalter der Weinstein- und früher der Miramax-Company. In dem Artikel wurde auch die Schauspielerin Rose McGowan erwähnt, die 1997, als sie 23 Jahre alt war, von Weinstein während des Sundance-Filmfestivals belästigt worden war. Sie hatte eine außergerichtliche Abfindung von 100.000 Dollar erhalten. Das Geld floss nicht, weil sich Weinstein schuldig gefühlt hatte, sondern um „des Friedens willen", wie er in dem Artikel zitiert wurde. Im Gegensatz zu Ashley Judd, die auch beim feministischen Protestmarsch gegen Donald Trump im Januar 2017 eine wichtige Rolle übernommen hat, war McGowan nicht bereit, der „New York Times" den Vorfall zum damaligen Zeitpunkt zu kommentieren. Der Geldbetrag war offensichtlich an eine Verschwiegenheitsklausel geknüpft worden. Als der Skandal in Schwung kam, inszenierte sie sich jedoch gerne als Frontfrau der #MeToo-Bewegung, hielt mit Tarana Burke vor den Kameras Händchen und absolvierte einen Talkshow-Marathon. Bei ihren Auftritten trug sie eine radikale Kurzhaarfrisur, die schon bald zum #MeToo-Trendfaktor erkoren wurde. Dieser Haarschnitt signalisierte: „Hey, ich bin kein Sexualobjekt, sondern eine #MeToo-Amazone." Auch „Twilight"-Star Kirsten

Stewart und Supermodel Cara Delevingne, die ebenfalls von Weinstein traumatisiert worden war, schritten zur Kopfschur.

Drei Tage nach dem Erscheinen des Artikels wurde Harvey Weinstein vom Vorstand seiner eigenen Firma, der Weinstein-Company, entlassen und ließ durch eine Sprecherin die Welt wissen, dass er sich „für alle Schmerzen, die er verursacht habe" entschuldige und sich in Therapie begeben werde, um seine „Dämonen" zu bekämpfen.

Fünf Tage nach der „New York Times", am 10. Oktober, platzte die nächste Bombe: Das Intelligenzia-Zentralorgan „New Yorker" publizierte einen zehnseitigen Artikel über Weinsteins „Raubzüge" mit weitaus härteren Schilderungen als im ohnehin schon schockierenden Artikel der „New York Times". Die Enthüllungsgeschichte trug den Titel: „Von aggressiven Ouvertüren zu sexuellen Attacken: Harvey Weinsteins Klägerinnen erzählen ihre Geschichten". Autor des Artikels war Ronan Farrow, Woody Allens leiblicher Sohn mit der Schauspielerin Mia Farrow. Zehn Monate lang hatte der 29-jährige freie Reporter, der dafür ebenfalls mit dem Pulitzer-Preis ausgezeichnet wurde, recherchiert. Er fand dreizehn Frauen, unter anderem die italienische Schauspielerin Asia Argento und das Model Ambra Battilana Gutierrez. Sie alle erzählten ihm, teilweise auch unter dem Schutz der Anonymität, ihre Vias dolorosas in der Bademantel-Hölle des Harvey Weinstein. Da war von tatsächlichen Vergewaltigungen die Rede, von erzwungenem Oralsex, von verbalen Drohungen; Farrow entfaltete das ganze sexistische Pandämonium jenes Mannes, der seinem verhassten Vater in ähnlicher Bedrängnis einst aus der Patsche geholfen hatte.

Dass Ronan Farrow mit solch zäher Konsequenz und gegen alle Widerstände („Es gab sehr viel Druck und Drohungen") gemeinsam mit den „New York Times"-Reporterinnen Weinstein zu Fall brachte und damit einen globalen Kulturkrieg initiierte, hängt wahrscheinlich auch eng mit seiner Biografie zusammen, die stellenweise das Zeug zur griechischen Tragödie hat. Als er sechs war, begann die Schlammschlacht zwischen seiner Mutter Mia Farrow und Woody Allen, die 1993 in Farrows (später abgewiesener) Anklage gipfelte, Allen habe die gemeinsame Tochter Dylan missbraucht. Vier Jahre später heiratete Allen Farrows um 35 Jahre jüngere Adoptivtochter Soon-Yi Previn, also Ronan Farrows Schwester. Die Ehe hält bis heute an. Harvey Weinstein unterstützte Allen, als dessen Karriere in rauchenden Trümmern lag, und rehabilitierte ihn in Hollywood. 2014 übte die heute 32-jährige Dylan Farrow erstmals in einem offenen Brief in der „New York Times" bittere Kritik, dass der Mann, der sie als kleines Mädchen missbraucht habe, von der Filmindustrie ungebrochen als Held gefeiert werde. Woody Allen selbst kommentierte die Weinstein-Causa in einem BBC-Interview mit folgenden Worten: „Er ist leider ein trauriger, kranker Mann. Die ganze Harvey-Weinstein-Sache ist tragisch – für die armen Frauen, die involviert waren, und für Harvey, der sein Leben so zerstört hat." Zusatz: „Aber lasst uns bitte jetzt keine Hexenjagd veranstalten. Es darf doch bitte nicht sein, dass kein Kerl sich – aus Angst vor einer Klage – mehr traut, im Büro einem Mädchen zuzuzwinkern." Eine Postkarte aus dem ideologischen „Mad Men"-Land.

Es gab weltweit kaum eine Zeitung und keinen TV-Sender, die auf die beiden Storys nicht aufsprangen. Weniger aus politischer Korrektheit, sondern weil der Zeitlupen-Absturz des Kino-Tycoons alle Zutaten trug, die einen Blockbuster ausmachen: Sex, Gewalt, Glamour und Verbrechen.

#MeToo: Der Hurricane

Richtig Fahrtwind nahm die Angelegenheit jedoch in der Nacht des 15. Oktober auf. Ohne die Aktivistin Tarana Burke wäre die Filmschauspielerin Alyssa Milano („Charmed") möglicherweise gar nicht auf die Idee gekommen, in dieser Nacht zu twittern: „Ein Vorschlag von einem Freund: Falls alle Frauen, die sexuelle Gewalt oder Übergriffe erlebt haben, #MeToo in ihren Status schreiben, könnten wir der Welt eine Vorstellung von der Größenordnung des Problems geben." Am nächsten Morgen fand sie 18.000 Retweets unter dem Hashtag vor, schon am 16. Oktober, dem Tag danach, wurde der Begriff auf Twitter 200.000 Mal verwendet, auf Facebook benutzten den Hashtag innerhalb der ersten 24 Stunden 4,7 Millionen Userinnen in über zwölf Millionen Postings. Prominente Bekennerinnen wie die Schauspielerinnen Uma Thurman, Salma Hayek, Mira Sorvino oder Jennifer Lawrence, um nur einige zu nennen, spendeten in Folge Tausenden anderen Mut, ihre Erlebnisse öffentlich zu machen. So bekam die Welt langsam eine Vorstellung von der Dimension des Problems, in dem Weinstein einer der mächtigsten und grausamsten, aber dennoch nur einer von vielen Schattenkriegern war, die ihr sexuelles und machtmissbrauchendes Unwesen in einer „Schweigekultur" (Ronan Farrow) über Jahrzehnte unbeschadet treiben konnten.

Ebenso wie Salma Hayek wartete auch Uma Thurman mehrere Monate, bis sie der „New York Times", dem Geständnis-Zentralorgan der #MeToo-Bewegung, ihre Leidensgeschichte im Detail offenlegte. Harvey Weinstein hatte Thurman in den 1990er-Jahren mit Filmen wie „Pulp Fiction" und „Kill Bill", beide in der Regie von Quentin Tarantino, zu einer Ikone des „anderen" Hollywood gemacht. „Ich fühle mich sehr schlecht gegenüber all jenen Frauen", sagte sie dem Journalisten bei einem Interview in ihrer New Yorker Wohnung, „die nach mir in diese Hotelzimmer gingen, um das zu erleben, was mir widerfahren ist. Wie Lämmer zur Schlachtbank – weil sie alle überzeugt waren, dass jemand, der es in eine so hohe Position geschafft hat, ihnen nichts antun würde. Ich war gleichzeitig das Opfer und die Wolke, die dieses System überdeckte – eine sehr verrückte Spaltung."

Die Wolken begannen sich sukzessive aufzulösen. „The Silence Breakers" untertitelte das „Time Magazine" das Coverbild, das fünf Frauen zu den bedeutendsten Menschen des

Jahres 2017 erkor. Diese fünf Frauen blickten mit einem entschlossenen Time-is-up-Ausdruck in den Augen in die Kamera: die Schauspielerin Ashley Judd, die Pop-Sängerin Taylor Swift, die 2013 einen Prozess gegen einen grabschenden Radiomoderator gewonnen hatte, die Uber-Ingenieurin Susan Fowler, die die „toxische Kultur" ihres Unternehmens entlarvt hatte, die afroamerikanische Lobbyistin Adama Iwu und die mexikanische Erdbeerpflückerin Isabel Pascual. Auf dem im Dezember 2017 unzählige Male auf sozialen Medien geteilten „Time Magazine"-Cover war rechts unten außerdem ein Arm zu sehen: Er gehört einer jungen Spitalsangestellten, die es zwar gewagt hatte, ihre Geschichte, nicht aber ihre Identität preiszugeben.

Nur einer blieb in der Debatte trotz zahlreicher Vorwürfe völlig ungeschoren: Donald Trump. Drei Frauen, Rachel Crooks, Jessica Leeds und Samantha Holvey, gingen an die Öffentlichkeit und warfen Donald Trump erneut und wiederholt sexuelle Übergriffe und Belästigungen vor. Sie forderten eine Untersuchung durch den Kongress. Für den US-Präsidenten dürften keine anderen Standards als für den Rest der Welt gelten. Die Zahl solcher Anzeigen gegen Trump wird auf zwischen 20 und 80 geschätzt, sie gehören seit den 1980er-Jahren zum täglichen Brot von Trumps „legal teams"; bislang konnten sie von den Anwälten des Milliardärs alle abgeschmettert, verglichen oder für verjährt erklärt werden. „Wir halten die Angelegenheit für erledigt", verkündete seine zur Entstehungszeit dieses Buches noch im Amt befindliche Pressesprecherin Sarah Sanders. *So sad.* Und so naiv obendrein. Und dennoch hat Trump indirekt die Büchse der Pandora sperrangelweit geöffnet.

Eigentlich mussten wir dem Pussy-Grabber fast dankbar sein. Denn er brachte, wenngleich unfreiwillig, das zustande, wozu der Feminismus, zersplittert in unzählige, sich auch gegenseitig befehdende Gruppen, seit Jahrzehnten nicht in der Lage war: Er einte die Frauen, indem er sie auf die Straße trieb. Retrospektiv betrachtet haben wir es also im Jahr 2017 mit einem echten Paradoxon zu tun: Der US-Präsident, aus dessen Mund in regelmäßigen Abständen die haarsträubendsten Misogynie-Sager ploppen, der sich mit Millionenzahlungen aus seiner Verantwortung freigekauft hatte und der „die männlichste Politik im Weißen Haus" („New York Times") betreibt, ist indirekt für die größte genderpolitische Revolution seit den 1970er-Jahren verantwortlich. Das Timing war eindeutig auf Seite der Revolution.

Denn der Women's March in Washington am 21. Januar 2017 (also einen Tag nach der Amtseinführung von Donald Trump), begleitet von Millionen Frauen weltweit, die häufig mit einer rosa Mütze bewaffnet (als Referenz zu Trumps „You just have to grab them by the pussy"-Sager) protestierten, bereitete den Boden für das, was im Oktober nach dem Publikwerden von Harvey Weinsteins serieller Frauenverachtung folgte. Ohne die auf Alarm gestellten Wachsamkeits-Antennen wegen Donald Trump und ohne sein unkontrolliertes Primaten-Gehabe wären der Weinstein-Skandal und die daraus resultierende Bewegung möglicherweise nach wenigen Wochen wieder verpufft und als Hollywood-Problematik marginalisiert worden.

De facto waren 2017 und 2018 fantastische Jahre für uns Frauen, weil sie einem monumentalen Weckruf für den Feminismus gleichkamen. Das jahrelang ungeliebte F-Wort, das 2015 von der Berliner Autorin Ronja von Rönne als so ekelerregend wie „Bandsalat" klassifiziert worden war, hatte plötzlich wieder Sex-Appeal bekommen – auch wenn Angela Merkel auf die Journalisten-Frage, ob sie Feministin sei, beim W20 Women Summit im Sommer 2017 in Berlin ins Stottern kam: „Ehrlich gesagt möchte ich mich nicht mit einem Titel schmücken, den ich gar nicht habe." First Daughter Ivanka Trump und die amtierende IWF-Präsidentin Christine Lagarde hingegen bejahten die Frage, indem sie enthusiastisch die Hand hoben. Ronja von Rönnes Feminismus-Ekel dürfte sich inzwischen auch wieder gelegt haben, sie hat auch einen Preis für den damals unzählige Male geteilten Text in der „Welt" abgelehnt und sagte kürzlich: „Das zeigt doch eindeutig, dass ich nichts davon nochmal so schreiben würde. Ich würde mir trotzdem wünschen, dass es in der #MeToo-Debatte mehr Raum gäbe für das nicht ganz Entschiedene."

Nahezu im Tagesrhythmus wurden seit Beginn des Hashtag-Hurricanes oftmals auch ehrwürdige, unantastbar erscheinende Institutionen als Hort von sexuellen Übergriffigkeiten und Machtmissbrauch demontiert: die schwedische Nobelpreis-Akademie, das Wiener Burgtheater, die Münchner Musikhochschule, die Unternehmen Uber und Tinder, der amerikanische TV-Sender CBS, der deutsche WDR und und und. Hollywood war da tatsächlich nur der Anfang für einen globalen Domino-Effekt.

Die Mutter aller #MeToo-Schlachten

Die Blutspuren, die die tragischen Ikonen der Misogynie wie Donald Trump und Harvey Weinstein im Marschland der Männlichkeit hinterlassen haben, sind immer noch frisch, doch die Debattentemperatur ist inzwischen abgekühlt. Eine #MeToo-Erschöpfung oder auch Agonie macht sich langsam breit – wie bei jeder Form von dauerhaft intensiver Katastrophen- und Kriegsberichterstattung, seien es die toten Flüchtlinge im Mittelmeer oder die Zivilopfer im Nahost-Konflikt. Irgendwann frisst sich der Nicht-schon-wieder-Effekt in das kollektive Bewusstsein. „Wer jetzt noch einen Hashtag losschickt", so der Entertainer Harald Schmidt, „dem hört doch wirklich niemand mehr zu."

Der Schock nach der Lektüre der Abertausenden #MeToo-Bekenntnisse, die Frauen, initiiert durch die Outings der Weinstein-Opfer, seit dem Herbst 2017 weltweit twitterten, posteten und in Interviews preisgaben, hat sich mehr als ein Jahr danach verflüchtigt. Dennoch hatte der globale Flächenbrand eine bislang noch nie dagewesene Durchschlagskraft.

Dank der Kraft sozialer Medien war er größer und intensiver als alles Bisherige. Erinnern wir uns an die Wutwelle, die nach dem Freispruch des damaligen IWF-Präsidenten Dominique Strauss-Kahn, des „brünftigen Schimpansen", wie ihn eines seiner Opfer nannte, 2011 erschreckend rasch wieder verebbte. Rufen wir uns die Treibjagd auf Julian Assange, den australischen Wikileaks-Gründer und Whistleblower, in Erinnerung, der sich seit mittlerweile sechs Jahren wegen der Vorwürfe des nicht einvernehmlichen Sex in der Londoner Botschaft von Ecuador dem Zugriff der schwedischen Behörden entzieht. Der aktuelle Stand der Dinge ist heute keine Notiz mehr wert.

Und auch die #aufschrei-Kampagne 2013 (der Hashtag begleitete die sexistische Entgleisung des FDP-Politikers Rainer Brüderle gegenüber der damaligen „stern"-Journalistin Laura Himmelreich) im deutschsprachigen Raum war schon bald wieder Geschichte. Die Feministin und Autorin Anne Wizorek sagte dazu in einem „profil"-Interview zur Intensität, aber auch Kurzlebigkeit solcher Debatten: „Es wird leider auch vonseiten der Betroffenen versucht, das Geschehene schnell wieder quasi zu normalisieren. Dabei handelt es sich schlichtweg um einen Überlebensmechanismus des Gehirns, das darf man niemandem zum Vorwurf machen." Dieser Überlebensmechanismus gilt für alle Beteiligten: Täter, Opfer und die Mitsurfer in Form der Medien und Blogger. Wer kann sich heute noch an Anita Hill erinnern, die als die Mutter aller #MeToo-Schlachten gelten kann? An dieser Stelle sei der demütigende Einzelkampf der Afroamerikanerin und Mutbürgerin der ersten Stunde erwähnt. Die Juristin hatte 1991 den Begriff „sexuelle Belästigung" erstmals ins kollektive Bewusstsein gerückt, als sie ihren ehemaligen Arbeitgeber, Clarence Thomas, einen Richter des Supreme Courts, anklagte und den Prozess verlor. Doch die Saat war gesät: Tausende Amerikanerinnen sahen in Anita Hill – zumindest kurzfristig – ein Sprachrohr für das, was ihnen in Büros, Ämtern, Supermärkten, Imbissbuden oder in den eigenen vier Wänden widerfahren war. Tief in unserem

Gedächtnis verankert ist noch das blaue GAP-Kleid, das das Jahr 1997 bestimmt hatte: In diesem Jahr überstand der amtierende US-Präsident Bill Clinton ein Impeachment-Verfahren, in dem dieses Kleid eine symbolgeladene Rolle spielte. Seine Praktikantin Monica Lewinsky hatte es beim oralen Sex mit ihrem Präsidenten getragen. Der Satz „I did not have sex with Monica Lewinksy“ blieb im Gedächtnis. Wahrscheinlich hatte Clinton ein relativ eng umgrenztes Verständnis von Sex, erstaunlich war, dass er damit durchkam. Es war wohl ähnlich dem der katholischen Missbrauchstäter – alles, was nicht Koitus ist, ist kein Sex.

„Wollt ihr einen Präsidenten oder wollt ihr einen Heiligen?“, hatte Hillary Clinton damals den Empörten verzweifelt zugerufen. Auf jeden Fall war die Lewinsky-Affäre kein Thema in Hillarys Wahlkampf gegen Trump. In einem BBC-Interview während ihrer Kampagne gefragt, wie sie denn heute, nach Trumps Lockerroom-Talk, zur Causa Lewinsky stehe, wies sie den Interviewer schmallippig und schnell in die Schranken: „Der Fall wurde untersucht, abgeschlossen und es gibt dazu nichts mehr zu sagen.“ Eigentlich gäbe es dazu noch sehr viel zu sagen: zum Beispiel, dass ihr Mann kein Kavaliersdelikt begangen, sondern seine Machtgrenzen massiv verletzt hatte. „Es war Missbrauch“, erklärte Monika Lewinsky knapp nach den ersten #MeToo-Outings, denen sie sich anschloss, und gab in einem „Vanity Fair“-Beitrag offen zu, Fehler gemacht zu haben. Lewinsky hatte früher immer betont, dass die Affäre einvernehmlich gewesen sei. Heute sieht sie das anders: „Er war damals auf dem Höhepunkt seiner Karriere, ich hatte gerade meinen ersten Job nach dem Studium.“ Clinton sei 27 Jahre älter gewesen und habe seine Machtposition ihr gegenüber ausgenutzt. Inzwischen sehe sie es als problematisch an, dass es überhaupt so weit habe kommen können. Das Gute an der #MeToo-Debatte sei, dass Frauen nun wüssten, dass sie nicht alleine seien: „In diesem Meer der Einsamkeit zu schwimmen war damals furchtbar.“

„Was darf ich denn dann überhaupt noch?“

Mehr als ein Vierteljahrhundert nach Anita Hill, 20 Jahre nach Monica Lewinsky und ein Jahrhundert nach Arthur Schnitzlers Dramen, die wie Röntgenbilder einer verkommenen Gesellschaft waren, scheinen wir noch immer in den sexuellen Machtverhältnissen gefangen, die Dichter, Schauspielerinnen, Huren, junge Herren und „süße Mädeln“ in Schnitzlers „Reigen“ auslebten und durchlitten. Oder wurde die #MeToo-Debatte tatsächlich so überzogen und hysterisiert geführt, dass sie ein völlig verzerrtes Bild der Wirklichkeit zeichnete?

„Sind alle Männer Tiere?“, war unsere ironisch-überzogene „profil“-Coverzeile im Oktober 2017 und manche fanden die Frage gar nicht polemisch oder ironisch, was mich wiederum irritierte. Denn so war es eigentlich gedacht gewesen.

Die ewiggleichen Argumente drehen sich seit Oktober 2017 im Kreis. Unter Männern fallen in den Büro-Kaffeeküchen, an den Bartheken und in den Sportgarderoben Sätze wie „Dann kann ich doch keiner Frau mehr ein Kompliment machen“, „Was darf ich denn dann überhaupt noch?“, „Muss ich mir vor jedem Kuss eine Einvernehmlichkeitserklärung holen?“, „Das sind ja jetzt Zustände wie in Schweden“. Oder es kam Ähnliches wie der Satz aus dem Theaterstück „Die wunderbare Zerstörung des Mannes“: „Was da manche Frauen für ein Männerbild haben, ist ja echt krass.“

In den Damenrunden herrscht vorrangig Solidarität mit den Opfern: „Jetzt geht das endlich nicht mehr“, „Endlich muss man sich das nicht mehr gefallen lassen“, oder auch „Wir dachten früher, das gehört einfach dazu“. Zu fortgeschrittener Stunde kommen dann auch noch Ängste ans Nachtlicht, à la „Und was, wenn jetzt überhaupt keiner mehr schaut – auch fad, oder?“, oder leicht Stutenbissiges wie „Und wenn alle wussten, wie dieser Harvey tickt, warum sind die dann bitte überhaupt allein in sein Hotelzimmer gegangen?“

Letztere Frage hatte ich mir, zugegeben, auch gestellt.

Schließlich war Weinsteins Sexismus-Repertoire ein offenes Hollywood-Geheimnis. Aber die Frage fiel natürlich sofort wieder in jene Das-wird-man-doch-noch-sagen-dürfen-Kategorie, die eigentlich unausgesprochen bleiben sollte. Üblicherweise ist dieses Das-wird-man-doch-noch-sagen-Dürfen nämlich die vorauseilende Floskel für Dinge, die einen, aus liberaler Perspektive betrachtet, in ein schiefes Licht stellen, und die man dann doch, feig, wie man nun einmal manchmal ist, lieber wieder runterschluckt.

Doch egal ob diese Frauen, im Wissen über das kolportierte Verhalten der Harveys/Dieters/Louis oder Terrys, abends allein in die Hotelsuiten/verwaisten Büros/Wohnungen etc. gegangen sind, in der Hoffnung, ein solcher Besuch könnte ihre Karriere beflügeln: Das gibt keinem Mann das Recht, sich darüber hinwegzusetzen, dass „sein Gegenüber nicht auf ein erotisches Abenteuer aus ist", wie Senta Berger das in ihrem ORF-Interview im Sommer 2018 elegant nannte.

Natürlich gab und gibt es Frauen, die ihren weiblichen Begehrenswert ganz bewusst einsetzen, um auf der Karriereleiter nach oben zu kommen. Auch ich konnte sie in meinem Berufsleben beobachten. Doch sie sind nur ein kleiner Prozentsatz im Verhältnis zu jenen, denen Übergriffe und Schlimmeres gegen ihren Willen widerfuhren und die nicht das Waffenarsenal und das Selbstbewusstsein hatten, sich zur Wehr zu setzen. Oder aus Schamgefühl diese Erlebnisse für sich behielten.

Die deutsche Journalistin Laura Himmelreich, 35, heute Chefredakteurin des Online-Magazins „Vice Germany" und jene Journalistin, die mit ihrem „stern"-Porträt über den herrenwitzigen FDP-Politiker Rainer Brüderle 2013 die Sexismus-Debatte im deutschsprachigen Raum ins Rollen brachte, ist da radikaler: „Selbst wenn jemand Sex für seine berufliche Karriere nutzt, heißt das noch nicht, dass sexuelle Übergriffe in Ordnung sind." Zusatz: „Ich verstehe die Kausalität nicht. Selbst die am leichtesten bekleidete Mitarbeiterin hat das Recht, nicht sexuell belästigt zu werden." Sehr ordentlich und klar argumentiert. Man muss ihr natürlich auch recht geben. Das Beibehalten der anderen Argumentationslinie, „Warum gehen die in die Suite?“, gekoppelt mit der Frage, ob die bloße Einladung in ein Hotelzimmer nicht einem direkten Warnhinweis gleichkäme, läge außerdem nicht allzu weit entfernt von dem anachronistischen Saurier-Argument, das lange in der Rechtsprechung an der Tagesordnung war: Wenn das Vergewaltigungsopfer einen Minirock trug, durfte es sich eigentlich nicht wundern, das kam doch einer Einladung an den Täter gleich. Gerne wurde dann vom Staatsanwalt auch noch die Frage nach dem Alkoholkonsum der Klägerin gestellt.

Dennoch finde ich eine Aktion wie die der deutschen Staatssekretärin Sawsan Chebli am Anfang der #MeToo-Debatte überzogen und wahrscheinlich auch kontraproduktiv für die Sache, denn da wurden viele Augen (bei beiden Geschlechtern) gerollt: Bei einer Veranstaltung erkannte sie der Moderator nicht, ein Botschafter a. D., ein Mann von 73 Jahren. „Die Staatssekretärin ist nicht da“, stellte er fest, was ziemlich ignorant war. Schließlich hätte man sich im Vorfeld über die Frau informieren können. Als Chebli sich bemerkbar machte, konstatierte er: „Ich habe keine so junge Frau erwartet. Und dann sind Sie auch so schön.“ Chebli postete danach einen Text auf Facebook mit der Überschrift: „Unter Schock – Sexismus“. Ich würde einfach sagen, gagaisiertes Benehmen aus einer Welt, die bald nur mehr in Spurenelementen existieren wird, da ihre Repräsentanten zunehmend ins Greisenalter rutschen und dann wahrscheinlich ganz andere Sorgen haben werden. Da muss man als erfolgreiche Politikerin nicht gleich ins Traumazentrum, wenn man mit so einem Satz konfrontiert wird.

Weitaus empörender war da ein Vorfall im August 2018, der bewies, dass geschmacklose Untergriffigkeit nicht nur eine Domäne der älteren Generation ist. Ein Tweet des ÖVP-Nationalratsabgeordneten Efgani Dönmez, 41, suggerierte, dass die Berliner Staatssekretärin Sawsan Chebli ihre Karriere ihrem Sexappeal zu verdanken habe. Auf die Frage eines anderen

Users, wie die frühere Außenamtssprecherin zu ihrem Job gekommen sei, äußerte sich der Kurz-Mann: „Schau dir mal ihre Knie an, vielleicht findest du da die Antwort."

Der Bundeskanzler und ÖVP-Vorsitzende Sebastian Kurz handelte schnell. Dönmez wurde wegen seiner „sexistischen, beleidigenden und nicht akzeptablen" Äußerungen aus der ÖVP ausgeschlossen. Der geschasste Politiker rechtfertigte sich für seine Entgleisung mit „einer momentanen Schwäche".

Auf den Absatz von Chanel-Produkten wirkte sich die ungeheuerliche Aussage des damals 84-jährigen Karl Lagerfeld am Anfang des #MeToo-Sturms hingegen nicht aus. Drehte doch der in Frankreich lebende Modeschöpfer bereits früh genervt die Ignoranz-Schraube: „Wenn du nicht willst, dass an deiner Hose rumgezogen wird, werde kein Model! Tritt in ein Kloster ein", kläffte er im Interview mit dem französischen Magazin „Numéro", nachdem er gefragt worden war, wie weit sexuelle Übergriffe in der Modewelt zur Tagesordnung gehörten. Diese Models hätten die Branche nicht verstanden.

Am Pranger

Der erste, der in Österreich im Oktober 2017 ins Kreuzfeuer der Empörung und dann regelrecht an den Pranger geriet, war der Chefredakteur einer Wiener Tageszeitung. Er hatte einer jungen Journalistin via Chat Avancen gemacht und dabei auch klargestellt, dass sich deren positive Erledigung auf ihre weitere Karriere bei diesem Blatt günstig auswirken würde. Die Journalistin wandte sich daraufhin an die Gleichbehandlungsanwaltschaft, die darin zweifelsfrei den Tatbestand einer „sexuellen Belästigung" sah. Der Mann wurde fristlos entlassen. Die Journalistin Hanna Herbst („Vice") markierte in den sozialen Medien die Schutzpatronin der anonym bleibenden Journalistin und sorgte dafür, dass wirklich alle Medienkonsumenten in diesem Land dessen Identität kannten.

Dass das Verhalten besagten Chefredakteurs so peinlich wie geschmacklos war und einem Machtmissbrauch gleichkam, sei unbestritten. Doch die mediale Jagd, die danach auf den Mann eröffnet wurde, inklusive Titelseite einer Boulevardzeitung, mit vollem Namen und der Headline „Sex im Büro", stand in keinem Verhältnis zum Vergehen – für das er sich auch entschuldigt hatte. Der Wiener Anwalt des entlassenen Chefredakteurs sprach damals von „Medienjustiz", und der Begriff hatte seine Berechtigung. Eine zertrümmerte Existenz aufgrund eines geschmacksbefreiten Mails – das stand eigentlich in keiner Verhältnismäßigkeit zueinander.

Am 8. März 2018, dem Internationalen Frauentag, wertete das soziale Medium Twitter fünf Monate #MeToo-Debatte unter seinen Nutzern aus. Mit dem Ergebnis, dass weltweit rund acht Millionen Tweets mit dem Hashtag versendet worden waren, sich 67 Länder an der Diskussion beteiligt hatten, die nach wie vor im Gange ist und so bald kein Ende nehmen wird. Die Diskussionen rund um Frauenrechte haben in den ersten sechs Monaten des Jahres 2018 auf Twitter um mehr als 50 Prozent zugenommen.

Die Liste der gefallenen Männer, die aufgrund von #MeToo in den rauchenden Trümmern ihrer Existenz standen und stehen, war schon lang und sie wurde täglich länger – der Filmproduzent Harvey Weinstein hatte nur den Anfang gemacht. Es folgten der britische Verteidigungsminister Michael Fallon, der nach einer Entschuldigung zurücktrat, weil er einer Journalistin vor 15 Jahren mehrfach ans Knie gefasst hatte. Rechtfertigt ein Vergehen, das so lange zurückliegt, eine solche Entscheidung? Ich finde, nein, aber gleichzeitig lebe ich gern in einer Gesellschaft, in dem solche Vergehen der Auslöser für eine solche Entscheidung sein können. Der Hollywood-Star Dustin Hoffman. Die Mode-Fotografen Terry Richardson und Mario Testino, die sofort von ihrem Hauptauftraggeber Condé Nast mit dem Bannfluch belegt wurden. Der „Mad Men"-Erfinder Matthew Weiner, in dessen Sixties-Serie noch auf Teufel komm raus geraucht, gesoffen, brutalst geflirtet und ein Nein ohne viel Federlesens als Ja interpretiert worden war. Der Schauspieler Kevin Spacey, der sich bekanntlich an mehreren jungen Männern, davon einem Vierzehnjährigen, vergangen hatte, wurde aus der Serie „House of Cards“ abgesetzt und aus dem Ridley-Scott-Film „Alles Geld der Welt“ entfernt. Das Magazin „Vanity Fair“ konstatierte anlässlich des Kinostarts eines Spacey-Films, der zweieinhalb Jahre vor den Vorwürfen gedreht worden war und mit einem Entschuldigungsschreiben des Verleihs im August 2018 kleinlaut doch ins Rennen geschickt wurde, um am ersten Kinotag 126 Dollar einzuspielen : „Wie immer man das Blatt drehen und wenden will: Spacey ist inzwischen nahezu so toxisch wie Weinstein.“ Branchenkenner prognostizieren, dass Spacey nie wieder einen Schauspieljob bekommen wird.

Unter diesem strengen Aspekt müssten jetzt eigentlich sämtliche Filmarchive, Gemäldegalerien, Bibliotheken und Musikkonserven durchforstet werden. Was nicht passieren wird, aber möglicherweise bliebe da nicht rasend viel über. Absurdestes Beispiel der Spinoff-Debatte, die unter dem Titel „Der Kunst ihren Anstand“ laufen könnte und von einer bisweilen bizarren Säuberungswut zeugt, ist die Abhängung des Gemäldes „Hylas und die Nymphen“ von John William Waterhouse im Februar 2018 in der Manchester Art Gallery. Das Gemälde zeigt eine Szene aus der antiken Mythologie, in der ein junger Mann von mehreren nackten Nymphen in einen Teich und damit in den Tod gelockt wird. Die Kuratorin Clare Gannaway begründete die Entscheidung mit der Tatsache, dass „Frauen in diesem Museum entweder passiv-dekorativ oder als femme fatale“ dargestellt würden und die Bild-Verbannung einen Diskurs darüber initiieren möge. Darf man Gustav Mahler nicht mehr hören, weil er seiner Frau Alma das Komponieren verboten hat?

Künstlerisch tot ist inzwischen auch der einstige Starkomiker Louis C.K., eine fixe Größe für politisch inkorrekten, linksliberalen Humor, bei dem er durchaus auch eine feministische Agenda wie das Recht auf Abtreibung vertrat: Fünf Frauen hatten ihn in der „New York Times“ belangt, sich vor ihnen ausgezogen und sie dazu genötigt zu haben, ihm bei der Selbstbefriedigung zuzusehen. Wie kann man eigentlich jemanden nötigen, zuzusehen? Sein Film „I Love You, Daddy“ wurde jedenfalls vor dem geplanten Kinostart in den Archiven vergraben, seine Shows fanden keine Ausstrahlungs-Plattform mehr. Im Sommer 2018 war Louis C.K. ohne Vorankündigung in einem kleinen Manhattaner Stand-up-Club für 15 Minuten vor 112 Menschen aufgetreten. Er muss jetzt wieder an seine Anfänge zurückkehren.

Seine Vergehen waren Petitessen, verglichen mit den Raubzügen des greisen All-American-Dad Bill Cosby, dem von rund 60 Frauen vorgeworfen worden war, ihnen Betäubungstropfen in Getränken verabreicht und sie danach sexuell missbraucht zu haben. Der 80-jährige Cosby, der jahrzehntelang mit seiner Sitcom-Show zu einem der größten Publikumslieblinge im Fernsehen zählte, wurde aufgrund der Verjährung der anderen Anklagen im April 2018 in nur drei Fällen wegen sexueller Nötigung verurteilt, das im September 2018 verkündete Strafausmaß beträgt mindestens drei Jahre Haft. Möglicherweise wird der Mann den Rest seines Lebens im Gefängnis verbringen müssen. Zu Recht. Hat er doch Donald Trumps Matrix des Prominenzsystems, „Wenn du berühmt bist, kannst du dir alles erlauben“, jahrzehntelang als Grundlage für ein so florierendes wie pathologisches Missbrauchssystem benutzt – ohne Sanktionen, ohne nennenswerte Konsequenzen. Der „New Yorker“ schrieb: „Wenn man sich diesen Prozess anhört, kann man nur sagen: Die Figur des Cliff Huxtable (der Name seiner so beliebten Sitcom-Figur) war Bill Cosbys krankester Witz.“ „Die böse Unantastbarkeit“ nennt Nils Minkmar in einem „Spiegel“-Leitartikel die Tatsache, dass Menschen – egal ob sie Harvey Weinstein, Kevin Spacey, Dieter Wedel, Matthias Hartmann oder Bill Cosby heißen – in der Ruhm- und Macht-Industrie, also der Politik, lange geschützt und ungeahndet ihr

Unwesen treiben konnten: „Darum berührt die Debatte auch grundsätzliche Fragen unserer sozialen Struktur und der Verfassung unserer Kultur. In ihr geht es keineswegs nur um die Grenzen von Flirtversuchen […] oder eine neue Prüderie, sondern um die Frage von Machtverteilung und ihrer Kontrolle."

Endzeit für Dinosaurier

Die Anzahl der fallenden „mächtigen, alten Männer", wie sie der österreichische Ex-Grüne Peter Pilz, sich selbst inkludierend, nannte, wollte im Zuge des ideologischen Klimawandels kein Ende nehmen. Es waren Männer, in deren Selbstbild Sexismus, Frauenverachtung und eine narzisstische Selbstherrlichkeit eine schäbige und jahrelang unbeanstandete Allianz bildeten.

Den langjährigen grünen Vorzeige-Knaben des politischen Anstands in Österreich Peter Pilz, der sich von seiner Ursprungspartei mit der Liste Pilz abgespaltet hatte, brachten im November 2017 ein „profil"-Artikel und ein vier Jahre zurückliegender Übergriff-Vorfall vorübergehend zu Fall. An den Übergriff gegenüber einem „ÖVP-Mädel" (so die Pilz-Diktion laut der anonym verbliebenen Betroffenen) beim Intellektuellengipfel Forum Alpbach konnte er sich angeblich nicht erinnern. Pilz begründete seinen Rücktritt damals mit den reuevollen Worten: „Ich habe hohe Ansprüche, die gelten auch für mich." Viele hielten seine politische Karriere damals für endgültig beendet, aber Pilz war schon immer ein Teflon-Typ. Sämtliche Ermittlungen gegen ihn wurden inzwischen eingestellt, im Juni 2018 ließ er sich – nach erbitterten Grabenkämpfen in den eigenen Reihen über die Frage, wer ihm seinen Listen-Platz zur Verfügung stellen werde – im Parlament erneut als Abgeordneter angeloben. Bei dem Akt verließen nahezu alle Mandatarinnen demonstrativ das Plenum. Wie ich aus Erzählungen meiner Kolleginnen aus der Innenpolitik weiß, sind

Zoten, Herrengewitzel und Mauserl- oder Schatzerl-Titulierungen hinter den Fassaden der Politik an der Tagesordnung. Eine gewisse Heuchelei war dieser Aktion nicht abzusprechen.

Im Gegensatz zu Pilz stehen viele Beschuldigte, auch ohne Verurteilung, selbst ohne Anklage, heute vor dem existenziellen Nichts. Sie sind alle irgendwie auch Opfer: Opfer ihrer Erziehung, ihrer Sozialisierung und eines gesellschaftlichen Konsenses, der über diese zerstörerische Form von Machtmissbrauch jahrzehntelang hinwegsah, ihn duldete und auch davon profitierte. Verlogenheit auf allen Seiten.

Das erklärt, aber entschuldigt natürlich nichts. Denn diese mächtigen Alten sind auch Opfer ihrer Arroganz, Ignoranz und einer sturen Entwicklungsresistenz gegenüber den gesellschaftspolitischen Zeichen der Zeit. Weinsteins mantraartig wiederholte Rechtfertigungs-Satzklötzchen wie „Ich bin in den 1960er- und 1970er-Jahren sozialisiert worden" und „Damals war die Kultur eben so" waren so daneben wie hilflos und ließen ihn noch erbärmlicher aussehen.

Als „einen alten Dinosaurier, der sich an die neuen Zeiten gewöhnen muss", beschrieb Weinsteins Rechtsanwältin ihren Mandanten. Über 300 Oscar-Nominierungen konnte die „120 Kilo schwere Egomaschine" („Der Spiegel") mit seinen Filmproduktionen erzielen, darunter solche cineastischen Meilensteine wie „Pulp Fiction" oder „Der englische Patient" oder Kassenknüller wie „Shakespeare in Love" und „The King's Speech". Meryl Streep nannte ihn in ihrer Oscar-Dankesrede 2012 „Gott, also Harvey Weinstein". Das sexistische Benehmen des „Monsters" (Salma Hayek) war jedoch ein offenes Geheimnis in Hollywood, also symptomatisch für eine Vertuschungs- und Tolerierungs-Methode, die sich offensichtlich weltweit besonders in der Kunst-, Show- und Medienbranche eingenistet hat. Der Drehbuchautor Scott Rosenberg, der mithilfe von Weinstein seine ersten gut dotierten Jobs bekommen hatte, demontierte unter dem Hashtag #everbodyfuckingknew Hollywood als Dorf der Heuchler. Auf seiner Facebook-Seite bekannte Rosenberg: „Wir alle haben die Eier dieser goldenen Gans wirklich genossen, also waren wir auch bereit, darüber hinwegzusehen. Ich habe nichts getan, nichts gesagt. Harvey war stets wunderbar zu mir, also habe ich die Belohnungen genommen und die Schnauze gehalten."

Der Everybody-Fucking-Knew-Status ging sogar so weit, dass bei der Verkündigung der Oscar-Nominierungen für die besten Nebendarstellerinnen 2013 US-Schauspieler Seth MacFarlane die Kandidatinnen mit den Worten ankündigte: „Herzlichen Glückwunsch. Diese fünf Damen müssen nun nicht mehr so tun, als ob sie Harvey Weinstein attraktiv finden."

Doch solange Weinstein und alle artverwandten Symptom-Träger lieferten, Karrieren beflügelten, Preise einheimsten, Jobs vergaben, Partys schmissen, die Korken knallen ließen und nach Cannes und Venedig einluden, wurde alles unter den Teppich gekehrt – bis der Teppich die Schmutzhalden nicht mehr überdecken konnte.

Doch auch das junge Hollywood dürfte sich der Potenzkraft von Ruhm und Glamour und ihrem Missbrauch nicht entziehen können. Ein Beispiel dafür ist Casey Affleck, 43, Oscar-Preisträger 2017 für das Sozialdrama „Manchester by the Sea", der sich 2010 nach zwei Belästigungsklagen von Schauspielkolleginnen außergerichtlich verglichen hatte. Ob er freiwillig oder auf Anraten der Academy nicht zur Verleihung 2018 kam, bei der üblicherweise der Vorjahresgewinner die Trophäe an die beste Schauspielerin überreicht, blieb unausgesprochen.

Unheile Theaterwelt

Keine Branche konnte in diesem globalen Kampf ihre Unschuld bewahren. Als europäisches Pendant zur amerikanischen Hollywood-Industrie wurde zunehmend die Theaterwelt als ein Hort von Sexismus, Machtmissbrauch und Menschenverachtung bloßgelegt. Barbara Burckhardt schrieb im Zuge der hochschlagenden #MeToo-Wogen im deutschen Branchenmagazin „Theater heute", dass „das Risiko für sexuelle Übergriffe besonders groß sei in Betrieben, die so feudal hierarchisch ausgerichtet sind wie die deutschen Stadt- und Staatstheater, die zu 78 Prozent von Männern geführt werden und deren Inszenierungen zu 70 Prozent von Männern stammen." Es seien vor allem Männer, „die entscheiden, welche der im Schnitt um 30 Prozent schlechter als ihre Kollegen bezahlten Frauen eine Chance bekommen, um an ihren Häusern sichtbar zu werden". Der im Zuge der #MeToo-Debatte frisch gegründete Verein „Pro Quote Bühne" forderte eine „50-Prozent-Quote in künstlerischen Führungspositionen". Wollen wir eine Gesellschaft, in der künstlerische Positionen nach Geschlechtszugehörigkeit verteilt werden? Angesichts der noch immer herrschenden Machtstrukturen wird uns wahrscheinlich nicht viel anderes übrig bleiben.

Die Schauspielerin Corinna Kirchhoff, häufiger Gast am Wiener Burgtheater, schrieb in einem Beitrag für die FAZ von einer „ökonomischen, sexuellen, autoritären, letztlich patriarchalischen Machtstruktur, die sich am Theater in geradezu absolutistischer Form unter dem Mantel künstlerischen Eigenwillens halten konnte". Diese Struktur biete einen Austragungsort für „Abhängigkeiten" und lade „zum Missbrauch" ein beziehungsweise auch dazu, „sich missbrauchen zu lassen". In dem Text mit dem Titel „Nach Gebrauch links liegen gelassen" thematisiert Kirchhoff auch den Jugendwahn am Theater, unter dem vor allem Frauen ab dem mittleren Alter zu leiden beginnen: „Was dann auch hilft, ist das Älterwerden der Frau. Sie wird einfach gar nicht mehr belästigt. Dass sie aber auch nicht mehr begehrt, gesehen, wertgeschätzt wird, ist das nächste Thema." Sie habe sich dem Schema „junge Frau wird ge- und missbraucht, ältere Frau bleibt ungebraucht, wird abgeschafft" zu unterwerfen. Es finde in den weiblichen Lebensgeschichten durch den äußeren Blick auf die Frau „ein enormer Bruch" statt: „Ein Sturz von übermäßig sexualisierter Beachtung, die sie zum Objekt macht, in völlige Ignoranz, die sie zum Nicht-Objekt macht. Das sind zwei Seiten einer Medaille, sie gehören zum nämlichen Missbrauchsgeschehen." Es ist beispielsweise nicht ungewöhnlich, dass Bühnen-Paarkonstellationen Altersunterschiede von 20, 30 Jahren aufweisen, obwohl der Autor des Stückes einen solch klaffenden Altersunterschied nicht im Stück vermerkt hatte.

Corinna Kirchhoff war auch eine der 60 Unterzeichner eines offenen Briefes, den Schauspieler und Mitarbeiter des Burgtheaters im Januar 2018 in der Tageszeitung „Der Standard" veröffentlichten, um mit der viereinhalbjährigen Ära des 2014 fristlos entlassenen Burgtheater-Direktors Matthias Hartmann abzurechnen. Hartmann habe in seiner Doppelrolle als Haus-Regisseur und Intendant „eine Atmosphäre der Angst und Verunsicherung erzeugt" – in Form von sexistischen Witzen auf Proben, die „eine Stimmung voller Demütigung" erzeugten, aber auch mit der rücksichtslosen Androhung von Kündigungen, die dann „in einem Gnadenakt wieder zurückgenommen wurden".

Die Geschichten über Hartmanns Entgleisungen und menschenverachtende Zoten hörte man hinter vorgehaltener Hand schon seit seinem Amtsantritt 2009. Was die Frage aufwirft, warum sich ein so mächtiges Ensemble wie das des Burgtheaters nicht schon während dessen Amtszeit gegen den offensichtlich so despotisch gepolten Direktor aufgelehnt hatte.

Die Frage beantwortete mir Nicholas Ofczarek, Star des Burg-Ensembles, so: „Weil wir alle nicht miteinander geredet haben. Man hat ja gedacht, man ist vielleicht deppert und steht ganz alleine mit seinen Empfindungen da. Man konnte diese Zustände, die hier am Haus herrschten, nicht fassen. Ich war ja regelrecht in Schockstarre. Was mich bis heute beschäftigt, ist, dass Menschen, die von Steuergeldern bezahlt werden und eigentlich in dienenden Funktionen sind, ein solches Benehmen und Verhalten an den Tag legen."

Mit Karin Bergmanns Übernahme der Direktion wurde das Klima entgiftet, „plötzlich wurde die Luft wieder um so viel leichter“, so Elisabeth Orth, eine Unterzeichnerin des offenen Briefes. Doch es bleibt die Angst, dass sich das Prinzip willkürlicher Machtausübung unter neuen Machtkonstellationen fortsetzen könnte.

Es ist zu hoffen, dass die Tyrannen und Despoten, die unter dem Deckmantel der Kunst vermeinten, eine Dauer-Carte-Blanche für Menschenverachtung und schlechtes Benehmen haben zu können, zunehmend verschwinden. Sätze wie jener des langjährigen Volksbühnen-Direktors Frank Castorf – „Man muss vernichten, um etwas Neues erhalten zu können“ – gehören auf die Mülldeponie anachronistischer Klischees.

Der belgische Regisseur Luk Perceval, 60, antwortete meiner Kollegin Karin Cerny in einem „profil“-Interview auf die Frage, ob das Theater sexistisch strukturiert sei: „Unser ganzes System ist sexistisch. Pasolini sagte es schon: Kapitalismus ist Pornografie. Jede Werbung ist sexistisch, oft sogar pädophil. Magersüchtige 14-Jährige werden mir halbnackt vor die Nase geschoben. Das Theater ist Teil dieser Kultur, deshalb ist es gut und wichtig, dass diese Debatte geführt wird. Aber wenn wir einander nur noch mit Gummihandschuhen anfassen dürfen, finde ich das auch lächerlich.“

Keine Gummihandschuhe, sondern welche aus Glacé, Herr Perceval. Sexismus, der ja bekanntlich weniger mit Sex als mit Macht zu tun hat, als unumstößliches Faktum zu werten, mit dem man sich eben arrangieren müsse – da dürfte der Zug der Zeit auch unbeachtet vorübergerauscht sein. „Wir haben zu lange in einem Klima gelebt, von dem wir dachten, wir müssten es eben aushalten können“, brachte Burg-Schauspielerin Caroline Peters die Sache auf den Punkt. Und solange eine ökonomische und politische Gleichberechtigung nicht fix verankert ist, bleibt sexuelle Gleichberechtigung mit Sicherheit eine Utopie.

Das Schweigen der Männer

Im Zuge all der Debatten, Diskussionen, Talkshows, zu denen ich im Herbst 2017 netterweise eingeladen wurde, um meinen Senf abzugeben, wunderte ich mich immer über das Schweigen der Männer bzw. über die Tatsache, dass sie zu diesen Veranstaltungen kaum bis gar nicht eingeladen wurden.

„Jetzt sind einmal die Frauen dran", erklärte mir eine Rundfunkredakteurin, als ich zaghaft anmerkte, dass es doch wichtig und interessant wäre, zu hören, wie Männer den Diskurs sehen. Ich war äußerst dankbar, als mein „profil"-Kollege Robert Treichler sich das Herz fasste, aus der Sicht eines 49-jährigen Mannes, heterosexuell, Vater von zwei Kindern, in einer Beziehung, den Text mit dem Titel „Was vom Manne übrig blieb" zu verfassen: „Die Frauen der #MeToo-Bewegung nahmen sich das Recht, alles öffentlich vorzubringen, was ihnen an sexuellen Belästigungen angetan worden war; ohne Beschränkungen, ohne zu kategorisieren, ohne von vornherein eine Hierarchie der Übergriffe zu erstellen. Daraus bezog die Welle der Anklagen ihre Kraft. Gerade weil offenbar wurde, wie verdammt schwierig es ist, sich in konkreten Situationen zu wehren oder auch Vorfälle nachträglich zu thematisieren, wäre die Forderung, eine Grenze zwischen verurteilenswertem und noch tolerierbarem Verhalten zu ziehen, hinderlich gewesen." Er hatte so recht. Man schämte sich manchmal als Frau fast ein wenig für sein Geschlecht angesichts all der Vermischungen und der Hysterie.

„Man darf auch nicht vergessen, dass in der ganzen #MeToo-Debatte der Rechtsstaat ja auch regelrecht ausgehebelt wurde", fand der deutsche Entertainer Harald Schmidt bei einer Doppelconférence für „profil" mit dem Kabarettisten Michael Niavarani, „beim guten, alten Mord hatte der Beschuldigte noch eine Chance auf einen Prozess. Bei #MeToo reichte eine bloße Anschuldigung, und schon hatte man seinen Job verloren."

Michael Niavarani vertrat da eine andere Ansicht. Auf die Frage, wie er als Repräsentant desselben mit der Totalverdammung seines Geschlechts zurechtkomme, antwortete er:„ Ich würde jetzt einmal sagen, das ist die ausgleichende Gerechtigkeit. Da haben wir Männer jetzt einmal ein bisschen Pech gehabt. In der ganzen Diskussion geht es ja nicht darum, ob ein One-Night-Stand aus dem Ruder geraten ist oder im Park gevögelt wurde, oder man einer Frau gegen ihren Willen auf den Hintern gegriffen hat, sondern es geht darum, dass Männer Frauen über Jahrtausende als Menschen zweiter Klasse behandelt und unterdrückt haben. Während der Inquisition wurden nur Frauen als Hexen verbrannt, Frauen durften über Jahrhunderte nicht studieren, im Jahr Siebzehnhundert-Schießmichtot wurde in einer Synode angezweifelt, dass Frauen überhaupt eine Seele haben. Jetzt passiert uns möglicherweise auch das, was Frauen seit Jahrtausenden massiv erleiden: ein bisserl eine Ungerechtigkeit."

„Wirf die Keule weg", forderte der Journalist Christian Mayer in der „Süddeutschen" seine Geschlechtskollegen auf und wehrte sich dagegen, dass ein ganzes Geschlecht verdammt wird: „So wie die wollen wir nicht mehr sein. Und mit Angebern, die ständig ihre Potenz beweisen müssen, mit Möchtegern-Alphamännchen, die Macht brauchen, damit sie sich überlegen fühlen können, wollen wir nichts zu tun haben." Insofern sei die Me-Too-Debatte auch eine Not-Me-Debatte und „zugleich eine Chance für uns Männer". Dann würde der „Gockel"-Typ Mann bald merken, dass er ausgekräht hat.

Ich fragte den deutschen Männertherapeuten Björn Süfke ein halbes Jahr nach dem Ausbruch des Hurricanes im März 2018, ob sich sein Klienten-Zulauf durch #MeToo erhöht habe. Er verneinte: „Die Männer, die Gewalt ausgeübt haben, kommen meist wegen Gerichtsauflagen oder eines Ultimatums ihrer Partnerin – in den allerwenigsten Fällen freiwillig."

Im „Spiegel" schlug der Autor Jochen-Martin Gutsch wenig versöhnliche Töne an: „Ich frage mich natürlich auch, was es da für ein ranziges Männerbild bei Frauen gibt. Sind wir Männer plötzlich alle kleine Weinsteins? Unberechenbare Triebwesen? Der Mann eine einzige sexuelle Belästigung?" Der „inflationäre Gebrauch des Wortes Sexismus führt dazu, dass ich immer öfter nur noch genervt mit den Augen rolle, wenn das Wort aufpoppt".

Wir verstehen auch seinen Zorn. Und seine Ratlosigkeit. Aber natürlich musste man an das ebenso inflationär gebrauchte Wort der „toxischen Männlichkeit" denken, als man den Text des 63-jährigen Jens Jessen, „Der bedrohte Mann", in der „Zeit" las, der einen Sturm der Empörung nach sich zog. Was einen freute: Denn dort flogen Begriffe wie „feministischer Volkssturm", „offene Barbarei", „ideologischer Triumph des totalitären Feminismus", die wie aus dem Textbuch eines faschistischen Propagandaministers wirkten, nur so durch die Luft.

Doch viele hielten den Ball auch lieber flach. „Ich habe mich in der #MeToo-Debatte als Mann zurückgehalten", erklärt der deutsche Autor und Musiker Thomas Meinecke im „Spiegel", „[...] als Mann gehöre ich ja zum Verursachergeschlecht dieser Problemlage, bin also Verursachergeschlechtsteilinhaber".

Überzogene Hexenjagd

Ein Beispiel dafür, wie eine solche „Verursachergeschlechtsteilinhaberschaft" ins Auge gehen kann, ist der Hollywood-Star Matt Damon – de facto ein Bilderbuchmann. Seit zwölf Jahren skandalfrei mit Luciana Barroso verheiratet, mit der er vier Töchter großzieht, Umweltaktivist, Mitbegründer der Organisation water.org, die es sich zum Ziel gesetzt hat, Menschen in der Dritten Welt Zugang zu sauberem Trinkwasser zu ermöglichen, alles in allem ein Musterknabe des guten Hollywood.

Knapp nach Erscheinen der Weinstein-Demontagen in der „New York Times" und dem „New Yorker" erhob eine Ex-Reporterin der „New York Times" den Vorwurf, Damon habe

2004 versucht, eine Enthüllungsstory über Harvey Weinstein zu verhindern. Weinstein hatte Damons Karriere mit der Produktion von „Good Will Hunting“ zum Abheben gebracht. Die „New York Times“ dementierte diesen Vorwurf zwar mit der Argumentation, dass man sich von niemandem irgendetwas verbieten lasse, aber Damon geriet dennoch in ein öffentliches Radarsystem des Hasses.

Und dann ließ er in einem Interview, in dem er wie in vielen anderen erklärte, dass sexuelle Belästigung und Vergewaltigung bestrafenswert und ekelerregend seien, den für ihn so fatalen Satz fallen: „Für mich ist es ein Unterschied, ob man jemandem einen Klaps auf den Hintern gibt oder Vergewaltigung oder Kindesmissbrauch begeht.“ Eine Behauptung, die zweifelsfrei moralisch und juristisch korrekt ist, aber von einem Repräsentanten des falschen Geschlechts zur falschen Zeit geäußert wurde. #MeToo-Schutzpatronin Alyssa Milano belehrte auf Twitter: „Es gibt verschiedene Arten von Krebs. Manche kann man besser heilen als andere. Aber es ist immer noch Krebs.“ Kurz darauf, im Dezember 2017, startete eine Frau namens Rebecca G. eine Online-Petition, die zum Ziel hatte, dass Damons kleiner Gast-Auftritt aus dem Film „Ocean's 8“ geschnitten wird. Die Petition auf dem Portal Care2-Petitions trägt den Titel „Sexual Harassment Isn't a Joke – Remove Matt Damon from Ocean's 8“ und forderte ausschließlich Frauen auf, den Aufruf an die Produzenten des Films zu unterschreiben. In wenigen Tagen fanden sich 28.800 Unterstützerinnen. Und die Schere schnappte zu: Matt Damon wurde aus dem Film gelöscht. Das sind die pathologischen Auswüchse der Debatte. Und ist eine überzogene Hexenjagd.

Weibliche Kämpfe um sexuelle Freiheit

Dass französische Frauen trotz scharfer Übergriffs-Gesetze doch etwas anders gepolt sind als die puritanischen Amerikanerinnen, zeigte der offene Brief, den das französische Nationalheiligtum, die Schauspielerin Catherine Deneuve, mit 99 anderen Französinnen Anfang 2018 im ehrwürdigen „Le Monde" publizierte. Dort heißt es, #MeToo habe „eine Kampagne von Denunziation und öffentlicher Anschuldigung" nach sich gezogen. Die Unterzeichnerinnen warnten vor „dem Klima einer totalitären Gesellschaft" und sorgten sich um „die sexuelle Freiheit" und „einen Hass auf Männer und Sexualität". Die „Verratkultur mit den sozialen Medien in der Rolle von Schiedsgerichten" habe durchaus etwas Bedrohliches. „Wir Franzosen", sagte die Philosophin Elisabeth Badinter in unserem „profil"-Interview, „haben eben ein etwas entspannteres Verhältnis zur Sexualität".

Das hatte zwar durchaus auch etwas Charmantes, aber doch ein bisschen sehr viel Nonchalance und Habt-euch-doch-nicht-so-Lässigkeit für die tatsächlichen Opfer von Sexualdelikten. Es war womöglich eine berechtigte Argumentation aus der Sicht von Frauen, die in einer kulturellen Blase leben und den rauen Wind, der an Fließbändern, in Fabrikhallen, Supermärkten, Großküchen, Restaurants und Krankenhäusern weht, gerade einmal aus sozialkritischen Filmscripts kennen. Ihre Argumentation, und das zeugte von einer gewissen Blasen-Arroganz, ist nicht für das Gros der weiblichen Menschheit anwendbar. Jede fünfte Französin, so eine in der „Libération" publizierte Umfrage, habe schon einmal in ihrem Leben sexuelle Gewalt erfahren.

Schockiert hat mich in einem Telefongespräch mit Catherine Millet, die ihr libertäres Leben in einen autobiografischen Roman („Das sexuelle Leben der Catherine M.") gegossen hat und Chefredakteurin des angesehenen Kunstmagazins „art press" ist, ihre Einstellung zum Thema Vergewaltigung. Es war im Sommer 2011; die Wellen um den eben freigesprochenen IWF-Präsident Dominique Strauss-Kahn, angeklagt wegen Vergewaltigung eines afroamerikanischen Zimmermädchens, schlugen gerade hoch. Millet, die in Paris als gewichtige Intellektuelle gilt, begrüßte, dass dieses „feministische Cinderella-Märchen vom armen, hilflosen Zimmermädchen" ein Ende hatte. Das Zimmermädchen war von Strauss-Kahns Verteidigungsteam „charakterlich ermordet" worden, so der Justizjargon für die Strategie, die Glaubwürdigkeit der Klägerin zu zerstören. Millet wünschte sich damals, dass Strauss-Kahn als „Märtyrer" wieder heim nach Frankreich kehre. Die Geschichte ging dann doch anders aus. Zwar war er in den USA freigesprochen worden, doch in Frankreich wurde eine andere Vergewaltigung, an einer jungen französischen Schriftstellerin, publik. Strauss-Kahns Karriere war damit am Ende, er musste seine Präsidentschaft beim IWF niederlegen, die sozialistische Partei ließ ihn als möglichen Präsidentschaftskandidaten fallen und seine Ehe war irreparabel zerstört. Anne Sinclair, die ihren Mann noch während der Anklage als „überhitztes Kaninchen" bezeichnet hatte, „der wie alle Politiker verführt", ließ sich kurz nach dem Freispruch scheiden.

In einem Telefonat nach der weltweiten Empörung über Strauss-Kahns Exkulpierung sprach ich mit Catherine Millet, die vor „einem sexuellen Faschismus" warnte, „wo mit dem moralischen Scheinwerfer jeder Winkel sexueller Intimität ausgeleuchtet wird". Thema des Gesprächs war auch das Phänomen Vergewaltigung – die Opfer würden einer Vergewaltigung zu große Bedeutung beimessen, meinte sie: „Eine Vergewaltigung ist natürlich eine moralische Verletzung, aber meistens keine körperliche. Man kann danach aufstehen, sich waschen und sein Leben wieder aufnehmen. Eine Vergewaltigung ist nicht irreparabel. Abgesehen davon, dass solche Vorwürfe oft auch aus Rache oder Gier zum Einsatz gebracht werden."

Auch die französische Schriftstellerin Virginie Despentes, die im Alter von 17 Jahren vergewaltigt worden war, sah in diesem Erlebnis „kein übertriebenes Drama", wie sie mir in einem Telefonat 2012 erzählte, „es war definitiv nichts gewesen, worum ich gebeten habe, aber ich bezweifle, dass mein Leben anders verlaufen wäre, wenn ich nicht vergewaltigt worden wäre."

Millet war auch eine jener 99 Französinnen, die sich unter der Schirmherrschaft von Catherine Deneuve sorgten, dass die sexuelle Freizügigkeit – in Frankreich wird ja die Kultur der Verführung wie kulturelles Kapital gehandhabt – bedroht werden könnte. In einem Interview mit der „Süddeutschen Zeitung" sagte Millet: „Mittlerweile führt die Debatte zur öffentlichen Verurteilung von Männern, die sich irgendwann einmal zu energisch oder unternehmungslustig gegenüber Frauen benommen haben."

So sehr mich ihre Haltung zum Thema Vergewaltigung entsetzt hatte, diese Aussage enthielt mehrere Körnchen Wahrheit. Catherine Deneuve formulierte ihre Befürchtungen in dem offenen Brief so: „Tatsächlich hat #MeToo in der Presse und in den sozialen Medien eine öffentliche Denunziations- und Anklage-Kampagne gegenüber Einzelpersonen ausgelöst, die, ohne dass man ihnen die Möglichkeit lässt, zu antworten oder sich zu verteidigen, auf eine Ebene mit sexuellen Aggressoren gestellt werden. Diese Lynchjustiz hat längst erste Opfer: Männer wurden in der Ausübung ihres Berufs sanktioniert, zum Rücktritt gezwungen und so weiter, obwohl ihr einziges Vergehen darin bestand, ein Knie berührt zu haben, versucht zu haben, einen Kuss zu ergattern, während eines beruflichen Abendessens ‚Intimes' angesprochen zu haben oder Nachrichten mit sexuellen Konnotationen an eine Frau geschickt zu haben, die sich nicht gleichermaßen angezogen fühlte. Dieser fiebrige Drang, die ‚Schweine' zur Schlachtbank zu führen, ohne Frauen zu helfen, autonom zu werden, dient in Wirklichkeit den Interessen der Feinde der sexuellen Freiheit, religiösen Extremisten und den schlimmsten Reaktionären [...]"

Eine Empörung, die sofort wieder auf eine Gegen-Empörung stieß. „Diese Stellungnahme ist ein bisschen wie der peinliche Arbeitskollege oder anstrengende Onkel, der nicht versteht, was passiert", schrieb die Feministin Caroline De Haas mit 30 anderen Unterzeichnern in einer Replik, die daraufhin auf der Website von „Franceinfo" veröffentlicht wurde. Deneuve lasse mit ihrem Schreiben „sexuelle Gewalt normal aussehen".

Die überhitzte Debatte

Diese argumentativen Grabenkämpfe dokumentierten nur ein weltweites Gefühl: Es war schwierig, im #MeToo-Hurricane eine durchgängige, unverrückbare Meinung zu haben, alle hatten irgendwie recht. Als gläubige Feministin geriet man in eine Art ideologische Schizophrenie. Einerseits wollte man für eine Änderung der Verhältnisse kämpfen oder zumindest befeuernd bei der Schlacht dabei sein; einer Schlacht, die in ferner Zukunft vielleicht doch sichern könnte, dass keine unserer Töchter und Enkelinnen je wieder voller Angst und Unbehagen mit einem – im Bestfall – nur 20 Jahre älteren Abteilungsleiter zu einem Jobgespräch in ein Hotelzimmer gehen wird müssen.

Andererseits befiel einen angesichts dieser Totalverdammung des anderen Geschlechts ein „Unbehagen an dieser Kultur", um Freud zu paraphrasieren. Kannte ich solche Männer, die in die Kategorie der „predators" fielen, wie die angloamerikanische Presse ihre Verdächtigen und Überführten genussvoll titulierte, was mit Räuber oder Raubtier zu übersetzen ist?

Sie waren nicht in meinem Bekanntenkreis, schon gar nicht unter meinen Freunden und auch nicht in meinem beruflichen Umfeld. Als junge Journalistin hatte ich ein paar Mal Avancen von Interviewpartnern erlebt, denen ich mich ohne größere Probleme widersetzen konnte. Ein damals berühmter Schauspieler, der mich in einem roten Seidenbademantel empfing, hatte mich unter dem Vorwand in seine Wohnung gelockt, dass er das Interview ansonsten nicht autorisieren würde, was angesichts der drohenden Deadline für mich eine echte Katastrophe gewesen wäre. Doch ich konnte ihm in aller Höflichkeit klarmachen, dass es für alle besser sei, wenn er den

Bademantel anbehalte. Er lachte. Wir hatten ein ähnliches Humorverständnis und tranken dann gemeinsam ein paar Wodkas. Und die Sache hatte sich. Dass solche Verhaltensmuster bei dem Mann Methode hatten, erfuhr ich später von anderen Kolleginnen.

Ich bin 1963 geboren und war noch in dieser Frauen-wollen-gefallen-Kultur sozialisiert worden. Es wäre gelogen zu behaupten, es hätte mir, mit damals 23, nicht doch irgendwie geschmeichelt, dass dieser zu der Zeit so weltberühmte Mensch Gefallen an mir gefunden hatte. Vertrottelt, ich weiß, aber so war das damals. Ihn über 30 Jahre später deswegen bloßzustellen und seine öffentliche Beschädigung zu riskieren, hätte ich tatsächlich als absurd und verkehrt empfunden. Und als diffamierend gegenüber mir selbst: Weil ich mich damit freiwillig in die Rolle des armen Hascherls, das sich damals nicht wehren konnte, versetzt hätte.

Ich höre bereits die Aufschreie.

Vielleicht hatte ich rückblickend nur Glück. Und die richtige Mutter, die mir das Selbstbewusstsein ins Handgepäck packte, dass man nichts mit sich geschehen lassen muss, um beruflich weiterzukommen. Aber dieses Selbstbewusstsein wurde natürlich nicht jeder Frau vermittelt. Autonomie und Selbstbestimmung sind kein Erbgut und wollen gelernt sein.

Die Philosophin Svenja Flaßpöhler, Autorin der Bestseller-Polemik „Die potente Frau“, erklärte im „Spiegel“: „Der Begriff der Autonomie wird vollkommen fehlgedeutet, wenn man sagt, dem Chef, der mich zum Gespräch aufs Hotelzimmer einlädt, kann ich gar nicht widersprechen, weil ich dann vielleicht meinen Job riskiere oder ihn sogar verliere.“ Autonom zu handeln, bedeute erst einmal, „dass ich Widerstände überwinde, mutig bin, Risiken in Kauf nehme. Dass ich selbstbestimmt handle und, um es mit Kant zu sagen, der Pflicht gegenüber mir selbst genüge. Dass ich die bin, die ich sein will.“ Wenn Menschen sich schon immer darauf berufen hätten, so die Philosophin weiter, dass sie leider gar nicht anders können, als zu gehorchen, „dann hätte sich die Menschheitsgeschichte anders entwickelt".

Hehre Ansprüche, die mir, aus meinem Selbstverständnis heraus, gefallen, aber das Gros der Frauen, die andere Existenzkämpfe auszufechten hatten und haben, wahrscheinlich überfordern.

Die #MeToo-Debatte ähnelt inzwischen in ihren Schlagabtäuschen, Vorverurteilungen, Hasstiraden, Extrempositionen und Treibjagd-Methoden dem Diskurs über den Umgang mit Flüchtlingen. In den amerikanischen Medien wurde sie sogar mit der Hetzjagd unter Senator Joseph McCarthy im Hollywood der 1950er-Jahre auf Künstler verglichen, die unter Kommunismus-Verdacht standen.

Aktionen wie ein Aufruf in den sozialen Medien, Frauen sollten den Namen ihres „predators" und die Schilderung des Vorfalls in einer Liste mit dem Titel „Shitty media men" eintragen, beklemmen. Wurde bei diesem Aufruf ein Name mehrmals in diesem Google-Dokument genannt, wurde er rot hervorgehoben und öffentlich gemacht. „Balance ton porc", lautete das französische Äquivalent zu #MeToo, „verpfeif dein Schwein". Sehr weit entfernt vom Konzept des mittelalterlichen Prangers, mit den Mitteln neuer Technologien, waren wir da nicht mehr.

Doch wie in der Migrationsfrage gibt es auch in dieser Debatte keine absolute Wahrheit, sondern Tausende. „Und jeder", so die Pariser Schriftstellerin Virginie Despentes, „hat das Recht, mit seiner eigenen Geschichte umzugehen, wie er möchte." Das die Diskussion begleitende Klima wurde bei #MeToo jedoch zunehmend extrem überhitzt, gereizt und hysterisiert: Drastische Angstmache (wie #fürchteteuch) und aus dem Ruder geratene Aggression halten sich die Waage mit berechtigten Argumenten. Durchmischt wird das noch mit schüchternen Zwischenrufen von Männern mit Inhalten wie „Pardon, aber ich bin nicht einer von diesen Männern, von denen hier ständig die Rede ist". Nach dem medialen Hurricane, der so anstrengend, oft ungerecht, aber auch dringend notwendig war und ist, wird hoffentlich irgendwann einmal sachliche Gelassenheit die Diskussionstemperatur bestimmen.

Strafen für Pfeifkonzerte

„Jede Gesellschaft braucht eine Dosis Amok“, kommentierte die deutsche Romanautorin Julie Zeh das Klima der Gereiztheit. Und wahrscheinlich brauchen wir jetzt diese Dosis Amok, damit sich diese Gesellschaft von Altlasten, Bürden und überkommenen Traditionen reinigen kann. Ohne schmerzende Sanktionen und klare, gesetzlich verankerte Verbote wird es kein Weiterkommen geben, wie das Ausmaß der Leidensgeschichten ganz klar zeigt. Und ja, das Argument, dass manche Frauen die Missbrauchsdebatte durchaus auch benutzen, um private Rachefeldzüge gegen Männer zu führen, hat ihre Berechtigung. Doch alle EU-weiten Studien weisen beim Delikt der Vergewaltigung eine Quote von Falschanzeigen zwischen fünf und neun Prozent und einen etwas höheren Prozentsatz bei der sexuellen Belästigung auf. Wir können getrost davon ausgehen, dass die Dunkelziffer von Frauen, die durch solche Erlebnisse traumatisiert sind und aus Schamgefühl und Angst schweigen, einen weitaus höheren Prozentsatz ausmacht.

Einige Länder haben bereits die Rute ins Fenster gestellt: Catherine Deneuves Heimat Frankreich zum Beispiel. Trotz des lauten Rufes prominenter Französinnen nach sexueller Freiheit mit all ihren Ecken und Kanten ist Frankreich neben Schweden, gesetzlich betrachtet, ein Vorzeigeland, was den Opferschutz betrifft. Täter, die nicht nur durch Gewalt oder Zwang, sondern per „Bedrohung“ oder „Überraschung“ zum Sex nötigen, müssen in Frankreich sogar eine Gefängnisstrafe von bis zu 20 Jahren fürchten. Auch sexuelle Belästigung wird besonders scharf geahndet. Wer Kolleginnen oder Bekannten wiederholt „in Worten oder Verhalten mit sexueller Konnotation“ zusetzt, riskiert bis zu 30.000 Euro Geldstrafe und zwei Jahre hinter Gittern. Die französische Staatssekretärin für die Gleichstellung von Frauen und Männern, Marlène Schiappa, kündigte nach dem #MeToo-Durchbruch eine Gesetzesreform an, um noch strenger vorgehen zu können. Die sexistische Belästigung auf der Straße, wie die klassischen Pfeifkonzerte, wird künftig mit erheblichen Geldstrafen geahndet werden. Es müsse jedenfalls deutlich gemacht werden, sagte Schiappa, „dass die Straße auch den Frauen gehört". Im Mai 2018 wurde das Gesetz verabschiedet, dass sexistische Bemerkungen oder Blicke auf der Straße sofort, wie zu schnelles Autofahren, mit einer Geldstrafe von 90 Euro (Höchststrafe 750 Euro) geahndet werden können. Allerdings müsse der eintreibende Ordnungshüter selbst Zeuge einer solchen Entgleisung gewesen sein. Deswegen wurde auch Kritik an der Effizienz der Maßnahme laut, denn ein solches Zusammenspiel von Zufällen wird selten sein. „Wir wollen damit eine Warnung erteilen, die als Präventionsmaßnahme dienen soll", so eine Sprecherin der Staatssekretärin. Macrons Feminismus-Wunderwaffe Marlène Schiappa selbst ging in die Charme-Offensive: „Wir wollen schwer hoffen, dass das Bild der französischen Männer als Romantiker nicht auf ihrem Talent zum Hinterherpfeifen angesichts kurzer Röcke beruht."

Nirgendwo wird Vergewaltigung häufiger angezeigt als in Schweden. Die schwedische Definition von Vergewaltigung ist viel breiter gefasst als in den meisten anderen Ländern. Schon seit 2005 fällt darunter auch, wenn jemand den „hilflosen Zustand" einer Person ausnutzt, diese etwa schläft (so die Vorwürfe an Julian Assange) oder unter Drogen steht. Nach einer neuerlichen Gesetzesverschärfung 2013 gilt außerdem als Vergewaltigung, wenn das Opfer sich aus Angst nicht wehrt. Laut dem schwedischen Rat für Verbrechensvorbeugung wächst im Land zunehmend die Bereitschaft, Sexualverbrechen anzuzeigen. Während in Deutschland (Stand 2016) jährlich 9,85 angezeigte Vergewaltigungen auf 100.000 Einwohner kommen, was dem unteren Mittelfeld im europäischen Vergleich entspricht, ist Schwedens Meldequote mit 46,4 Anzeigen auf 100.000 Einwohner fast fünf Mal höher. In Österreich wurden 2016 insgesamt 1918 Anzeigen wegen des Tatbestandes der „Vergewaltigung, des sexuellen Missbrauchs und der sexuellen Nötigung" gemacht, die aber nur 83 rechtskräftigen Urteilen gegenüberstanden. In Strafrechtsprozessen liegt die Last der Beweiserbringung beim Staat und es gilt „in dubio pro reo" – im Zweifel für den Angeklagten. „Die Toleranzschwelle bezüglich sexueller Übergriffe ist in Österreich noch immer sehr hoch", erklärt die Wiener Familienanwältin Andrea Wukovits. Wenn etwa Verletzungen oder andere Vergewaltigungsspuren nicht sofort nach der Tat amtsärztlich dokumentiert werden, neige die Staatsanwaltschaft zur Einstellung des Verfahrens. „Und im Verfahren wird von der Verteidigung oft die ganze Palette der Grauslichkeiten abgerufen", so Wukovits „es wäre ja alles einvernehmlich gewesen, das Opfer hätte die Tat provoziert … Man muss wirklich stark sein, um so einen Prozess zu ertragen."

In den USA ist das Sexualstrafrecht Sache der Bundesstaaten. Es gibt also nicht eines für alle, sondern 50 verschiedene. Die Rechtslage reicht von puritanisch bis liberal. An staatlichen Universitäten in Kalifornien gilt seit 2014 etwa die Ja-heißt-Ja-Regel: Bevor Studierende miteinander Sex haben, müssen sie mit einem deutlichen Ja oder Nicken einwilligen. Zugleich hat mehr als die Hälfte der amerikanischen Bundesstaaten Gesetze, die es Vergewaltigern ermöglichen, ihre Vaterschaftsrechte auszuüben. In fast 20 Bundesstaaten – darunter Oklahoma, Michigan und selbst im liberalen Massachusetts – ist Ehebruch noch immer strafbar.

Deutschland und Österreich hinken im EU-Vergleich sexualrechtlich hinterher. „Wir haben immer noch einen sehr starken Backlash", erklärt die deutsche Feministin Anna Wizorek, die 2013 mit dem Hashtag #aufschrei im Zuge des Brüderle-Porträts von Laura Himmelreich die erste digitale Solidaritätswelle für die Opfer von Übergriffen und Belästigungen im deutschsprachigen Raum mitinitierte: „Wie man am aktuellen

Rechtsruck in Deutschland und Österreich sieht, geht es da sehr stark wieder auf das Bild zurück, dass Frauen und Männer ihre biologisch festgeschriebenen Rollen haben."

Dabei muss dennoch anerkennend erwähnt werden, dass Österreich mit seinem 1992 adaptierten Gleichbehandlungsgesetz de facto ein europäischer Vorreiter war. Dieses Gesetz umfasst nicht nur körperliche Übergriffe, sondern auch verbale und visuelle Belästigungen, wie Bemerkungen über das Aussehen, sexuelle Anspielungen oder das Zeigen pornografischer Bilder. Ausschlaggebend ist dabei – und das ist ein wesentlicher Punkt – nicht nur die Belästigungsabsicht des Täters, sondern das subjektive Empfinden des Opfers. Im Strafrecht ist der Tatbestand der sexuellen Belästigung allerdings auf „geschlechtliche Handlungen", also körperliche Übergriffe, beschränkt.

Sex am Verhandlungstisch

Schweden reagierte auch im Zuge der #MeToo-Welle am schnellsten mit gesetzlichen Adaptionen. Im Juni 2018 trat das umstrittene Gesetz zu Sex und Vergewaltigung in Kraft. Das sogenannte „Einverständnis-Gesetz" legt fest, dass beide Partner ausdrücklich und erkennbar mit dem Geschlechtsverkehr einverstanden sein müssen. Alles andere werde als Vergewaltigung gewertet. Noch immer wird allerdings diskutiert, wie die neue Regelung vor Gericht gehandhabt werden kann – und was als Zustimmung gilt.

„Klar, das geht natürlich alles enorm schnell für uns Männer", schrieb Volker Weidemann im „Spiegel", „gerade erst haben wir mühsam und mithilfe eines frischen Gesetzes das ‚Nein heißt Nein' gelernt, schon ist die Welt wieder einen Schritt weiter. ‚Ja heißt Ja', heißt es jetzt in Schweden."

Und was bedeutet dieses Gesetz in der Praxis? Müssen Partner vor dem Koitus an den Verhandlungstisch zur Vertragsunterzeichnung? Der slowenische Pop-Philosoph Slavoj Žižek ist stets eine verlässliche Adresse, wenn es um politisch inkorrekte Provokation geht. In seinem Essay „Die Selbstunterwerfung der Frau", der in der „Neuen Zürcher Zeitung" erschien, schrieb er: „Die Dinge laufen immer irgendwie schief, wenn es um Sex geht; und der einzige Ausweg besteht darin, aus der Not eine Tugend zu machen. Ohne Umwege nach dem einen, glücklichen Sexualleben zu suchen, ist jedenfalls der sicherste Weg, alles zu ruinieren. Die Vorstellung einer Szene, in der beide Partner ‚Ja! Ja! Ja!' schreien, bevor sie zur Tat schreiten, ist so nah an der Hölle, wie man im echten Leben nur kommen kann."

Auch junge deutschsprachige Feministinnen sehen in dem Diskurs und den Sanktionierungsmaßnahmen einen „besorgniserregenden" Trend, „Frauen zu ihrem eigenen Schutz zu entmündigen", wie die Kulturwissenschaftlerin und Journalistin Mithu M. Sanyal, Autorin von „Vergewaltigung – Aspekte eines Verbrechens", im „Philosophie Magazin" schreibt, das der Debatte im Sommer 2018 eine ganze Ausgabe widmete. Zwar müsse man #MeToo hoch anrechnen, dass „Machtbeziehungen neu verhandelt und Diskurse angeregt werden, die unser Denken und Handeln radikal erweitern", allerdings werde nicht mit dem Narrativ gebrochen, das von der Polarität „hier machtvolle, aggressive, männliche Sexualität und da machtlose, verletzliche, weibliche Sexualität" bestimmt sei. Noch immer werde ähnlich der „Sexualwissenschaft des 19. Jahrhunderts" sexuelle Gewalt in den Mustern kommuniziert, „dass Sex etwas sei, was Männer tun und Frauen angetan wird".

In Schweden geht die Gesetzgebung besonders stark von dieser These aus. Was manchen als feministisches Paradies gilt, ist für andere eine jeden Eros zerstörende Puritanismus-Diktatur. Um der Auslieferung nach Schweden zu entgehen, verbarrikadiert sich der australische Whistleblower Julian Assange, gegen den Vergewaltigungs-Anzeigen von zwei Frauen vorliegen und der diese Vorwürfe von sich weist, seit Jahren in der Botschaft von Ecuador in London. Assange kannte die Frauen, die ihn auch in ihre Wohnungen eingeladen hatten. Das Gefühl des Nicht-Einvernehmens hatte die Frauen erst im Nachhinein beschlichen. Assanges Katze, die sich im Gegensatz zu ihm häufig auf dem Balkon der Botschaft zeigt, ist inzwischen ein beliebtes Fotomotiv für voyeuristisch motivierte Touristen, die sich wohlig schaudernd gerne vor dem Botschaftsgebäude aufpflanzen. Nach Assanges Flucht nach London 2012 waren sich einige prominente Feministinnen, darunter Naomi Wolf, einig: Wenn auf alle Männer nach schiefgelaufenem Sex eine weltweite Treibjagd veranstaltet würde, wäre die Sittenpolizei bald heillos überfordert.

Ein Beispiel einer solchen Treibjagd mit fatalem Ausgang ist der schwedische Theatermacher Benny Fredriksson, der ehemalige Chef des Stockholmer Stadttheaters. Am 5. Dezember 2017 war in Schwedens auflagenstärkster Tageszeitung „Aftonbladet" ein Artikel erschienen, in dem Fredriksson beschuldigt wurde, unter seiner „harten Führung" habe sich eine „Kultur des Schweigens" ausgebreitet, in der „wiederholt männliche Schauspieler Übergriffe begehen konnten, ohne dass das Folgen hatte".

Fredriksson erklärte nach dieser Veröffentlichung seinen Rücktritt. Die Stadt Stockholm setzte eine Untersuchungskommission ein, deren Abschlussbericht am 22. März 2018 veröffentlicht wurde. Zwar gebe es Kritik an seinem Führungsstil, für sexuelle Belästigungen finde der Bericht aber keine Belege, hieß es aus der Stadtverwaltung. Über das Ergebnis konnte sich Fredriksson nicht mehr freuen: Er hatte wenige Tage zuvor Selbstmord begangen. „Casualities of war", Kollateralschäden also, mit denen man bei jedem Krieg rechnen muss?

Missbrauchte Männer

Nach über einem Jahr Kampf, Rebellion, Hysterie, Schmerzen, Mut, Wut und wilder Debatten hört man ihn oft, den Satz: „Das geht jetzt nicht mehr." Es sind zu viele, die nicht mehr zu diesem vermeintlichen Normalzustand zurückkehren wollen, also zu einer Alltagskultur, hinter die sich eine Nebelwand aus Missbrauch, Verletzung, Manipulation und Diskriminierung geschoben hat.

Auch viele Männer beginnen, wie der Schauspieler Mark Ruffalo unter dem Hashtag „How will I change?", sich die Frage zu stellen: Was für eine Art von Mann möchte ich eigentlich sein?

Und mit Sicherheit finden noch immer viel zu wenige Männer den Mut, ihre eigenen traumatisierenden Erlebnisse auf den Tisch zu legen. Denn auf sexistisch motivierte Gewalthandlungen haben Frauen kein Opfermonopol, wie man an Kevin Spacey sieht oder den vielen Tätern, die im Schutz der katholischen Kirche missbrauchten. Die Opfer dieser Täter waren großteils Männer. Natürlich missbrauchen auch Frauen, aber im Vergleich zu Männern in einem minimalen Prozentsatz, der sich im einstelligen Bereich befindet.

Ein schwerer Schlag für die Glaubwürdigkeit der #MeToo-Bewegung war der Fall Asia Argento. Die italienische Schauspielerin und Lebensgefährtin des Starkochs Anthony Bourdain war eine der ersten gewesen, die im Herbst 2017 gegen Harvey Weinstein an die Öffentlichkeit getreten war. Die „New York Times" berichtete im August 2018, dass Argento im Jahr 2013 den damals 17-jährigen Schauspieler Jimmy Bennett in einem Hotelzimmer im US-Bundesstaat Kalifornien sexuell genötigt haben soll. Das Schutzalter für sexuelle Kontakte beträgt in Kalifornien 18 Jahre. Bennett habe Jahre später 3,5 Millionen Dollar gefordert, im Frühjahr soll man sich auf 380.000 Dollar geeinigt haben, für die Anthony Bourdain im November 2017, Monate vor seinem Selbstmord, großteils aufgekommen sein soll. Nach dem veröffentlichten Bericht in der „New York Times" ging Bennett via „Hollywood Reporter" an die Öffentlichkeit: „Die Debatte hat mein eigenes Trauma wieder hochkommen lassen. Vor allem, weil sich diese Frau selbst als Opfer inszeniert. Warum ich so lange gewartet habe? Weil du als

Mann in dieser Gesellschaft mit einem Stigma behaftet wirst, wenn du in einer solchen Situation bist.“ CNN verhängte sofort den Bannfluch über Argento: Die Folgen der Bourdain-Show „Parts Unknown", in denen sie mitgewirkt oder Regie geführt hatte, wurden gekippt; auch Sky Italien, wo sie bei einer Show mitwirkte, feuerte Argento.

#MeToo-Pionierin Tarana Burke begrüßt diese Konsequenzen. In der „New York Times“ erklärte sie: „Ich habe immer gesagt, dass #MeToo für uns alle ist – auch für die mutigen Männer, die nun Übergriffe öffentlich machen.“ Die Menschen würden leider versuchen, anhand dieses Falles die Bewegung zu diskreditieren, erklärt Burke und warnt: „Lasst das nicht passieren.“

Einer der wenigen prominenten Männer, der seine diesbezüglichen Erfahrungen publik machte, war der deutsche Startenor Jonas Kaufmann. Im Mailänder „Corriere della sera“ erzählte er von „sexuellen Erpressungen“ am Anfang seiner Karriere: „Ein Manager bot mir ein Konzert an, eine fantastische Gelegenheit, doch dafür hätte ich mit ihm in die Sauna gehen müssen. Es war ein sehr expliziter Tausch, ich hatte Angst und habe Nein gesagt.“

Dass Männer noch schambesetzter sind und sich noch schwerer als Frauen damit tun, ihre Verwundungen und Demütigungen in Worte zu fassen, weil das der gängigen Vorstellung von Männlichkeit widerspricht, ist bekannt. Erinnern wir uns nur an die Mauern des Schweigens, hinter denen die katholische Kirche die Missbrauchs-Delikte in den eigenen Reihen jahrzehntelang zu kaschieren imstande war.

„Es war der pure Trieb“

Ein Seminarhotel. Die Sekretärin betritt das Zimmer ihres Chefs, um ihm den nächsten Termin anzukündigen. Im selben Atemzug stellt sie die Frage, ob er gestern Nacht, als sie in seinem Zimmer eingeschlafen war, „in ihr gewesen wäre“, sie habe da nämlich so ein „eigenartiges Gefühl“.

Der Chef weist die Anschuldigung anfangs empört zurück. Am Ende des Dialogs gesteht er, dass er in sie eingedrungen ist und hat dafür auch eine, wie ihm scheint, plausible Rechtfertigung: „Es war der pure Trieb.“

Kein Laut war im Publikum zu hören, als im Wiener Akademietheater im Spätherbst 2017 die Schauspieler Sabine Haupt und Markus Hering in dem Episodenstück „Die Wiedervereinigung der beiden Koreas“ des Franzosen Joël Pommerat jene Szene spielten, die die Grenze zwischen dem damals eben hochflammenden #MeToo-Diskurs und der Bühnenfiktion auf so beklemmende wie magische Weise auflöste.

Die Antwort „Es war der pure Trieb“ hätte Sigmund Freud mit enthusiastischem Nicken quittiert. Schließlich galt dem Vater der Psychoanalyse „die Triebnatur des Menschen“ als gedankliches Fundament all seiner Theorien. Seinem „Doppelgänger“, dem von ihm so verehrten Dramatiker Arthur Schnitzler, schrieb er im Mai 1922: „Ihr Ergriffensein von den Wahrheiten des Unbewußten, von der Triebnatur des Menschen, Ihre Zersetzung der kulturell-konventionellen Sicherheiten, das Haften Ihrer Gedanken an der Polarität von Lieben und Sterben, das alles berührte mich mit einer unheimlichen Vertrautheit.“

Die verbreitete These vom Mann, dem seine Triebnatur im Hormonrausch das Unrechtsbewusstsein abhandenkommen lässt, ist jedoch ein Mythos, genauso wie das Phänomen der Sexsucht, die im Diagnosekatalog der Weltgesundheitsorganisation (WHO) gar nicht existiert.

„Eine Erektion gibt keinen Weg vor“, so die forensische Psychiaterin Heidi Kastner.

Das geht jetzt also nicht mehr.

„Will kommen“: Der Mann und seine Sexualität

„Ich bin davon überzeugt, dass Sex in der Hölle eine ständige Pflichtübung sein wird.“
Thomas Simpson (1710–1761), englischer Mathematiker

„Lassen Sie die Konventionen in Ruhe. Das Elend der Sexualität steckt nicht in ihrer Unterdrückung.“
Der Dramatiker René Pollesch in „Ein Chor irrt sich gewaltig“

„Mein Schwanz ist so lang wie ein Aal.“
Aus dem Song „Feinste Seide“ von „Bilderbuch“

„Nana und Moshe hatten sich ineinander verliebt. Nachdem das passiert war, haben sie auch die Missionarsstellung, Oralverkehr, Rollenspiele und den Dreier ausprobiert. Nicht alles davon mit Erfolg. Eigentlich kaum etwas davon mit Erfolg …“ So beschreibt der britische Autor Adam Thirlwell die sexuellen Verrenkungen eines jungen Pärchens in seinem Roman „Strategie“.

Damit wären die negativen Nebenwirkungen, mit denen die Enkel der ersten sexuellen Revolution zu kämpfen haben, auch schon kurz und illusionslos umrissen: Wer alles darf, will möglicherweise gar nicht immer alles dürfen müssen. Die verordnete Tabulosigkeit führt auch zu Leistungsdruck, Frustration und Ratlosigkeit.

Ein Gespräch, das ich mit einem siebzehnjährigen Teenager führte, brachte für mich das Dilemma auf den Punkt. Er sagte: „Ich weiß schon seit einigen Jahren, was ein Cock-Ring ist, welche Kommandos eine Domina ihrem Sklaven zubrüllt und was eine Milf (Mother I love to fuck) ist, aber ich habe bis jetzt noch immer nicht herausgefunden, wie man ein Mädchen am besten klitoral befriedigt."

Trotz der medialen Übersexualisierung liegt auch das Aufklärungsniveau der österreichischen Jugendlichen unter dem internationalen Standard. Der 2013 verstorbene Wiener Gynäkologe Werner Grünberger, Begründer der „First Love"-Ambulanzen, eines Beratungsservice für Jugendliche, erklärte mir vor einigen Jahren, dass 68 Prozent der von ihm Befragten beim ersten Mal nicht verhüteten. Inzwischen hat sich das Aufklärungsniveau etwas gebessert: In der europaweiten Statistik zu Teenagermüttern belegt Österreich mit Erhebungsletztstand 2015, so „euronews", das Mittelfeld, die am stärksten betroffenen Länder sind Rumänien, Bulgarien, gefolgt von Ungarn und der Slowakei.

Die „digital natives", also jene Generation, die mit dem Internet seit den ersten Gehversuchen vertraut ist, kennen keine Tabuzonen. Ab einem Durchschnittsalter von zehn Jahren ziehen Kinder auf sexuelle Erkundungstouren durch das Netz und werden dabei mit pornografischen Inhalten konfrontiert. „Das ist ein Sprung ins kalte Wasser, der nicht zu verhindern ist, bei dem sie aber nicht alleingelassen werden dürfen", erklärte mir der inzwischen verstorbene Martin Goldstein, alias Briefkasten-Sexberater Dr. Sommer, der jahrzehntelang die Leser der Jugendillustrierten „Bravo" aufklärend begleitete.

Die erotische Bilderflut, die multimedial über Teenies schwappt, intensiviert die Unsicherheit und Minderwertigkeitskomplexe, die in der Pubertät ohnehin das größte Leidensgebiet sind. Immer mehr junge Mädchen wollen ihre Schamlippen und Brüste operieren lassen, um den gängigen Schönheitsidealen zu entsprechen. Burschen zerbrechen sich den Kopf, ob „sie genauso weit spritzen können wie in den Pornos", wie die Wiener Sexualtherapeutin Elia Bragagna erzählt. Bragagna rät zum kommunikativen Austausch: „Die sexuelle Entwicklung wird von drei Faktoren bestimmt: der Familie, der Peergroup und den selbstständigen Recherchen. Wenn zwischen diesen Faktoren keine Interaktion stattfindet, besteht die Gefahr, dass einer davon übermächtig wird."

Das Wichtigste in dieser Periode sei, „die jungen Menschen aus der Angst ‚Ich sehe irgendwie scheiße aus' zu entlassen", erklärte Dr. Sommer Martin Goldstein. Das verletzlichere Geschlecht, was dieses Kräftespiel zwischen dem Entdecken der eigenen Intimität und der per Klick jederzeit erreichbaren virtuellen Tabulosigkeit betrifft, sind die Buben. „Die Mädchen haben ihre Mutter, Gynäkologinnen und Frauenzeitschriften, um sich zu orientieren", so die ehemalige Frauengesundheitsbeauftragte der Stadt Wien Beate Wimmer-Puchinger, „Väter reden viel weniger mit ihren Söhnen. Und die Macho-Bilder aus den YouTube-Videos und Rapper-Clips, die anachronistische Männlichkeitsideale beschwören, sind da besonders gefährlich."

Eine „Spiegel"-Reportage im Sommer 2018 zeigt, wie schmal der Grat zwischen dem virtuellen Fantasieuniversum und der Realität sein kann. Und welche verrohenden Auswirkungen der Daueraufenthalt in von brutalen Gewaltfantasien dominierten Computerspielen und in der VR-Pornowelt haben kann. Unter dem Kürzel „Scorpion machen" hatte in Nordrhein-Westfalen eine Clique junger Männer zwischen 17 und 24 Jahren eine WhatsApp-Gruppe gegründet, in der die ständig im Netz getriggerten Allmachtsfantasien endlich einmal auch analog ausgelebt werden wollten. Mit photoshopbearbeiteten Bildern (Sportwagen, Waschbrettbauch) in sozialen Medien lockte jeweils einer von ihnen junge Mädchen aus der Umgebung an, die in eine Begegnung einwilligten. Die vermeintlich romantischen Kennenlern-Dates endeten in sieben Fällen in Gruppenvergewaltigungen. Die „Scorpions" entführten die durchgängig 16-jährigen Mädchen in abgelegene Waldstücke, sie hatten alle keine Chance, zu entfliehen. Dass die Namenswahl auf den Skorpion fiel, ist leicht erklärbar: Skorpione sind Tiere, die vor allem in der Dunkelheit über ihre Beute herfallen.

Sex-Supermarkt

In den letzten 25 Jahren haben wir eigentlich drei sexuelle Revolutionen durchgemacht, die sich mit einer ähnlichen Intensität auf unser Sexualverhalten ausgewirkt haben wie die Einführung der Antibaby-Pille 1960. Ihre Auslöser: Viagra, das Internet mit seinem oft bizarren, jederzeit verfügbaren Porno-Kosmos und die Online-Partnersuche. Wobei die Aufreiß-App Tinder das Konzept des „Fleischmarkts", wie Jane Austen die Debütantinnen-Bälle der Regency-Periode bezeichnete, das digitale Dating in die perfide Perfektion überführte.

Männer sind von diesen drei Revolutionen intensiver betroffen als Frauen. Im Fall von Viagra versteht sich das von selbst, aber auch was den Konsum von Pornografie im Netz und das Tinder-Verhalten betrifft, liegen Männer weit vorn. Die mit 81 Millionen Besuchern pro Tag im weltweiten Mittelfeld liegende Website Pornhub erhob kürzlich, dass im globalen Schnitt im Jahr 2017 auf drei Porno-Männer nur eine pornokonsumierende Frau kam. Dabei ist der Frauenanteil mit 36 Prozent auf den Philippinen am höchsten, während Japan mit bloß 19 Prozent das Schlusslicht darstellt. Den größten Zuwachs an pornoaffinen Frauen verzeichnete parodoxerweise eine ausgewiesen frauenverachtende Nation: Indien – mit 129 Prozent. In Deutschland (Österreich ist nicht angeführt) beträgt das Mann-Frau-Verhältnis, ähnlich wie in Italien, sogar vier zu eins. Die weltweit insgesamt am häufigsten eingegebenen Suchbegriffe waren „lesbian", „hentai" (Porno-Darstellungen von japanischen Comics) und „milf" (Abkürzung für Mother I love to fuck).

Das Internet besteht mittlerweile zu gut einem Drittel aus pornografischen Inhalten. Pornografie ist – trotz einer wachsenden feministischen Pornokultur – noch immer Männersache und unterliegt bei den „Pornados" einer ähnlichen Sucht-Dramaturgie wie das Glücksspiel oder Kokain. Durch einen kurzfristigen Dopamin-Anstieg wird die Stimmung des Mannes durch Pornos für ein oder zwei Stunden euphorisiert. Doch je häufiger die Flucht in die virtuelle Welt angetreten wird, desto kürzer sind die Intervalle und desto länger ist die Verweildauer. Das regelmäßige Abgleiten in ein virtuelles Paralleluniversum, so Experten, stehe auch in direktem Zusammenhang mit sexuellen Störungen wie vorzeitigem Samenerguss oder Impotenz, für die es sonst keine medizinischen Erklärungen gibt. Das analoge Leben mit seinen realen Sexualpartnerinnen kann da nicht mehr mithalten, eine gewisse erotische Apathie macht sich durch die permanente Reizüberflutung breit. Junge Männer seien davon, so die Feministin Naomi Wolf in ihrem Essay „Der Porno-Mythos", besonders betroffen: „Aufgrund dieses starken Desensibilisierungs-Effekts fanden Forscher bei Experimenten heraus, dass bei den meisten männlichen Probanden bald schon höhere Grade von Stimulation nötig waren, um den gleichen Grad von Erregung zu erreichen. Die Experten vermuteten auch, dass dauerhafter Konsum von Pornografie junge Männer unempfänglicher für die erotischen Reize ihrer Partnerinnen macht."

Auf ihrer Weltreise traf meine Tochter einen 26-jährigen Dänen in einem Regenwald-Camp, der ihr erzählte, dass er seit zehn Jahren an Pornosucht litt, im analogen Leben keinen Sex mehr hatte und sich nur durch selbst verordnete Entzüge langsam von der Sucht befreien konnte. „Der Flash auf dem Bildschirm und das Eintauchen in dieses Lustlabyrinth hatte auf mich denselben Effekt wie eine Spritze für einen Heroin-Süchtigen", beschrieb er das Gefühl, das ihn ständig an seinen Computer getrieben hatte. Und die nächste pornografische Innovationswelle ist bereits im Anrollen.

„Das nächste große Ding"

Dass die Technik ganz allgemein noch Schwächen hat und das zu lange Aufbehalten der Brille zu Übelkeit führt, testete meine „profil"-Kollegin Ingrid Brodnig im Selbstversuch. Doch konsumentengerechte Adaptionen sind nur noch eine Frage der Zeit. Schon kann man mit einer solchen „Fickbrille" (so die „Welt") in Kombination mit der entsprechenden Pornosoftware aus dem Hause realitylovers.com mitten ins 360-Grad-Geschehen feuchter Träume eintauchen. Auch in Deutschland werden schon die ersten Pornos in „Virtual Reality" gedreht. Die neue Technologie wird die Pornoindustrie, die bei Techniknnovationen immer ganz vorne mitmischt, revolutionieren.

Der Konzern Samsung, einer der größten VR-Brillenhersteller, prognostiziert für die nahe Zukunft ein Umsatzvolumen von 2,7 Milliarden Euro. Hajo Frings, der erste deutsche VR-Pornoproduzent, will bei dieser Revolution ganz vorne mitmischen. Er ist aber auch schon noch einen Schritt weiter und erklärt im „Welt"-Interview: „Virtuelle Geschlechtsteile sind das nächste große Ding."

Die US-Künstlerin Stacy Leigh inszenierte eine Beziehungsfacette der Zukunft in ihrem Fotoprojekt „Average Americans (that happen to be sex dolls)". Leighs Prognose: „Inzwischen kann man Puppen bestellen, die beheizbar sind, austauschbare Köpfe haben und mit Ersatzteilen nach Hause geliefert werden. Der Schritt, dass sie einen Lebenspartner ersetzen, ist nicht mehr fern." Auf der anderen Seite der Welt, an der Universität von Osaka in Japan, arbeitet Hiroshi Ishiguro, „der Popstar der Roboterforschung" („Die Zeit"), fieberhaft an der Umsetzung dieser Utopie. Mit 30 Mitarbeitern hat er es sich jetzt zur Aufgabe gemacht, seinen Androiden aus Silikon, bei denen sogar die Hautporen sorgfältig modelliert sind, so etwas wie Bedürfnisse und Emotionen einzupflanzen; ihre Bewegungen und ihre Sprache werden über das Internet gesteuert. Manche von ihnen werden schon in Seniorenheimen oder als Hotel-Rezeptionisten eingesetzt. Doch die wahre Mission seiner Roboter sieht Ishiguro darin, in absehbarer Zukunft auch die Rolle von Lebenspartnern einnehmen zu können. Allerdings nicht als Ersatz für Sexualpartner, sondern als „echte Freunde". Angesichts der prognostizierten Single-Explosion in naher Zukunft und der damit verknüpften Angst vor Einsamkeit muss er sich über den Absatz seiner Roboter keine Sorgen machen.

Wisch & Weg: Hormonelles Zeitmanagement

Dating-Apps hingegen wiegen die „digital natives" in der Illusion, dass ständig neues Menschenmaterial nur eine Wischbewegung entfernt liegt. Die dazugehörige Dramaturgie ist simpel und pragmatisch: Anbaggern, chatten und auch schon wieder entsorgen, wenn die Erwartungen nicht erfüllt werden. Nähe war gestern. Rund 1,4 Milliarden Mal wird, Stand 2017, täglich auf Tinder, was auf Deutsch so viel wie Zunder bedeutet, weltweit geswipet, werden also Profilbilder be- und entwertet. Die einzige verlässliche Währung dabei ist das Aussehen, das dementsprechend zu einem monumentalen Stressfaktor für beide Geschlechter wird. Während Frauen gerne mit Obst und Tieren posieren, durchaus auch im Bikini, entsprechen Tinder-Männer bei ihren Inszenierungen gerne den Klischees einer Retro-Männlichkeit: nackter Oberkörper, finsterer Blick, unter Bemühung von Verwegenheit an einen schnittigen Wagen oder ein Motorrad gelehnt. Im Tinder-Ökosystem haben Männer jedoch das Nachsehen. Die Verteilung von Usern steht in einem Verhältnis von 60 Prozent Männern zu 40 Prozent Frauen, Männer mit durchschnittlichem Äußeren haben, so erhob die Tageszeitung „Welt", nur eine Chance von 12 Prozent, von Tinderellas geliked zu werden.

„Alpha-Kevins" (so der Netz-Jargon für den geistig beschränkten Macho) mit Anmachersprüchen wie „Deine Titten sehen so traurig aus. Ich bin Arzt!" oder „Willst du einen Milkshake mit mir trinken und danach auf meinem Gesicht sitzen?" werden rasch entsorgt, sprich weggewischt. Meine Kollegin Salomea Krobath registrierte bei einem Testlauf für eine Reportage wenig Originalitäts-Ambition: „Hey U!"

(8 Mal), „Hey, what's up?“ (6), „Hallo! Wie geht's?“ (4), „Was läuft?“ (2). Die Ansprüche der Frauen wachsen jedoch mit erhöhter Emanzipationstemperatur. Mit der Konsequenz, dass Männer, die nicht auffallend attraktiv sind und verbal wenig zu bieten haben, wenig zum Zug kommen.

Die Dating-App schaffte 2015 den großen Durchbruch. An die 60 Millionen Menschen schwören inzwischen auf die Institution, die schnellen Sex so unkompliziert macht wie eine Foodora-Bestellung. In 140 Ländern, angeführt von den USA, Großbritannien und Brasilien, und in 30 Sprachen matchen sich Paarungs- und natürlich auch Seitensprung-Willige, um ihrer Abenteuerlust Entfaltungsraum zu geben. Tinder ist hormonelles Zeitmanagement in seiner effizientesten Form: Innerhalb von – im Idealfall – Minuten wird der User, die Userin, wenn der Look und die Art der Selbstinszenierung auf dem Foto passen, mit einer Flut von Dating-Vorschlägen bombardiert, die sich in unmittelbarer Nähe befinden. Mittels einer Wisch-Bewegung kann dann die Spreu vom Weizen getrennt werden. Wischt man nach links, wird er oder sie in das zwischengeschlechtliche Nirwana befördert, streicht man nach rechts, ploppt die Erlösungsformel „It's a match“ auf (sofern die Gegenpartei auch grünes Licht gegeben hat), begleitet von dem in der deutschsprachigen Variante grammatikalisch nicht korrekten „Du und X steht aufeinander“, und die Chat-Pforten öffnen sich. Tatsächlich soll es nur bei 20 Prozent der „Matchmaker“ auch zu einem analogen Treffen kommen, das meist, so eine Interviewpartnerin bei einer „profil“-Feldumfrage unter Jugendlichen, „eher voll depro“ ausfällt.

Die 2012 lancierte App perfektioniert das Prinzip eines brutalen Darwinismus. Denn es geht im Grunde nur um Äußerlichkeiten und das Motto „survival of the fittest“. „Instant gratification“ heißt das Zauberwort, das so viel wie „sofortige Befriedigung“ bedeutet und das Grundmotiv jeder Form von Sucht darstellt. „Eine Frau für schnellen, unkomplizierten Sex zu finden, ist auf Tinder so einfach, wie sich online eine Pizza zu ordern", bringt ein 24-jähriger User, von „profil" danach befragt, warum er sich bis zu 30 Mal am Tag einloggt, die Angelegenheit brutal pragmatisch auf den Punkt. Das deutsche Gesundheitsministerium registrierte, dass sich die Anzahl von Patienten mit Geschlechtskrankheiten seit dem Siegeszug von Tinder um 40 Prozent gesteigert hat.

Die Beweggründe, zu „tindern", sind geschlechtsspezifisch unterschiedlich: Männer frequentieren solche Dating-Apps vorrangig, um unkompliziert an schnelle Abenteuer zu gelangen, Frauen, um Bestätigung ihrer Attraktivität zu bekommen. „Die wichtigste Voraussetzung ist die Einfachheit des Konzepts", erläutert der iranisch-stämmige Tinder-Gründer Sean Rad die Quintessenz des App-Erfolgs. Und tatsächlich: Nie war es einfacher, schnell und ohne Wareneinsatz oder Energieaufwand zu problembefreitem, unverbindlichem Sex zu kommen. Die zwischengeschlechtliche Wisch-und-Wegwerfkultur hat natürlich längst auch die Frauen erfasst, was einen zusätzlichen Verunsicherungsfaktor für Männer darstellt.

Liebes-ADS

„Manchmal fühle ich mich wie ein Vampir, der die Liebe aus den Männern heraussaugen wollte", schreibt die Bloggerin Luisa P. auf ihrer Website juleblogt.de, „kaum bereicherte ein Mann über mehrere Wochen mein Leben, ließ meine Aufmerksamkeit auch schon nach. Statt mich auf diese eine Person zu konzentrieren, begann ich mich schnell wieder umzusehen." Den Begriff Liebes-ADS prägte die Bloggerin selbst, in Anlehnung an die Aufmerksamkeitsstörung ADS (Attention deficiency syndrome), die die mangelnde Konzentrationsfähigkeit von Kindern definiert. De facto ist Liebes-ADS auch die Krankheitsdiagnose einer „Generation Beziehungsunfähig", wie der Berliner Autor Michael Nast seinen Bestseller zum Thema Liebes-ADS nennt. Im „Spiegel" erklärte Nast das

Dilemma seiner Generation auch an seinem eigenen Lebenskonzept: „Letztlich brauchst du heute keinen Partner mehr. Du hast Freunde, einen Job, stehst im Leben.“ Beziehung sei also längst nicht mehr eine Frage von Liebe, sondern von Unterbringungsmöglichkeiten im eigenen Lebensentwurf. Männer, so schreibt Nast, seien sowieso „nicht für Monogamie gemacht“: „Der Mann findet Dates langweilig, Zurückschreiben ermüdend.“ So gesehen müsste ihm das Wisch-&-Weg-Konzept von Tinder und seinen Derivaten nahezu paradiesisch vorkommen.

Seit nunmehr fast einem Vierteljahrhundert hat die Menschheit die Chance, in Hauspantoffeln und Jogginganzug im Wohnzimmer online auf Partnersuche zu gehen. Die israelische Soziologin Eva Illouz sieht in dieser zwischengeschlechtlichen Alltagskultur den endgültigen Todesstoß für das „monogame Beziehungsmodell“. Wir lebten jetzt in einem „emotionalen Kapitalismus“, der den Gesetzen der Konsum- und Wegwerfkultur sowie dem Prinzip von Angebot und Nachfrage unterliege. Die Freiheit der Wahl führe auch zu einem stetigen Prozess des Abwägens und Vergleichens sowie der Überforderung und Orientierungslosigkeit.

Anthropologen, Sexual- und Genderforscher sowie Analytiker des digitalen Lebens sind sich einig: Der Online-Partnermarkt hat das Paarungs- und Beziehungsverhalten revolutioniert, radikalisiert, aber auch infantilisiert.

Als der Zukunftsforscher Matthias Horx vor gut 15 Jahren prognostizierte, dass die Menschheit in ihrem Paarungsverhalten „die infantile Phase“ überwunden habe und man sich auf dem Weg in eine „reifere Liebeskultur“ befinde, war das Smartphone mit seinen interaktiven App-Arsenalen noch nicht erfunden. Tatsächlich kann man die neue Anbagger-Kultur auf einen globalen Beauty-Contest reduzieren, in dem die Diktatur der Attraktivität alle zivilisatorischen Errungenschaften, die früher die Choreografie der zwischengeschlechtlichen Annäherung bestimmten, lahmlegt. Aus dieser Perspektive betrachtet wirken Online-Partnervermittlungen wie parship mit ihrem Fragebogen-Prinzip so altmodisch wie viktorianische Brieftauben.

In seinem Essay „Hooking Up" schrieb der inzwischen verstorbene US-Schriftsteller Tom Wolfe, die sexuelle Revolution sei zu einem „gespenstischen Karneval" pervertiert worden. Der französische Philosoph Jean Claude Guillebaud spricht von einer „Tyrannei der Lust" und beklagt, dass die heutige, krankhaft intimitätsfixierte Gesellschaft im historischen Vergleich zugleich „die am wenigsten erotische ist, die es je gab". Es ist tatsächlich ein eigenartiges Paradoxon eingetreten: Alles ist möglich, aber dieses wilde Land der Optionen und Möglichkeiten erzeugt auch extremen Stress.

„Hier kommt der V-Mann"

Und auf Stress und den dazugehörigen Leistungsdruck reagieren Männer empfindlicher. „Ein schlaffer Schwanz ist der ultimative Angriffspunkt im Krieg der Geschlechter", schrieb Erica Jong 1974 in „Angst vorm Fliegen", ihrem feministischen Roman zur sexuellen Befreiung: „Denn die Frau ist allzeit bereit. Das ist die große Ungerechtigkeit, die niemals ausgeglichen werden kann." Was natürlich gemäß heutigem Wissensstand Mumpitz ist: Die Lustlosigkeit der Frauen hat nur keine so vordergründigen Konsequenzen. „Wir sind immer zu dritt im Bett", erzählte mir ein Mann, der wegen Erektionsstörungen in urologischer Behandlung ist, „sie, ich und meine Angst." Die Angst, erneut zu versagen, keinen hochzukriegen oder die Erektion „unterwegs" zu verlieren, setzt den 48-Jährigen so unter Druck, dass er sich zunehmend aus seiner Beziehung zurückzieht. „Stress", so der Wiener Urologe Walter Stackl, „ist mit Sicherheit ein hoher Risikofaktor bei Erektionsstörungen, denn die freigesetzten Stresshormone bringen das Gleichgewicht der Substanzen im Schwellkörper durcheinander."

Eine repräsentative Untersuchung unter der Leitung des Wiener Spitals SMZ Ost ergab, dass etwa eine Million Österreicher an Erektionsproblemen leiden. Über 300.000 Männer haben gar mit einer mäßigen bis ausgeprägten Form der erektilen Dysfunktion zu kämpfen. Erstaunlicherweise treten Potenzschwierigkeiten in der Altersgruppe der 20- bis 30-Jährigen genauso oft auf wie bei den Befragten zwischen 40 und 50 Jahren. Noch immer sei das Eingeständnis des Problems für Männer „ein schwieriges Thema", erklärte der Studienleiter und Urologe Stephan Madersbacher. „Wenn ein Mann bei mir über Erektionsprobleme klagt", so die US-Sexualberaterin Ruth Westheimer, die fast Popstar-Status genießt, „schicke ich ihn zuallererst zum Urologen."

Biochemisch lassen sich solche Störungen häufig mit einem zu geringen Testosteronspiegel erklären. Die Ursache kann an einem erhöhten Stresspegel liegen oder auch am Alter: Ab dem 35. Lebensjahr reduzieren die Hoden die Testosteronproduktion – was sich ziemlich umfassend auf die männliche Sexualität auswirkt. Denn das Sexualhormon beeinflusst nicht nur die Funktion des Penis und der Prostata, sondern steuert auch Abläufe im Gehirn, die für die sexuelle Erregung ausschlaggebend sind. Außerdem kann Testosteronmangel auch depressive Verstimmungen auslösen. Die Behandlung erfolgt mit Gels und Injektionen. Die blaue Wunderpille, die Ende der 1990er-Jahre insofern eine sexuelle Revolution ausgelöst hatte, als sie Versagens-Verängstigten eine erektile Allzeitbereitschaft suggerierte, kann dem Mann jedoch bei einem niedrigen Testosteronspiegel nicht auf die Sprünge helfen. Ursprünglich als Mittel gegen Bluthochdruck und Angina pectoris entwickelt, war der Wirkstoff Sildenafil 1998 unter dem Markennamen Viagra als Potenzmittel zugelassen worden.

„Hier kommt der V-Mann!", lautete damals die gängige euphorische Begrüßungsparole in den kalifornischen Urologenpraxen, wenn der Pfizer-Vertreter Jamie Reidy über die Schwelle trat. Und des Öfteren erhoben sich dann an sich gebrechlich wirkende Patienten erstaunlich behände aus ihren Stühlen, um dem glatzköpfigen Glücksboten stehende Ovationen zu erweisen. Der Pharmakonzern Pfizer bescherte der männlichen Sexualität mit der Erfindung des „blauen Diamanten", so der Pharmajargon, einen Paradigmenwechsel. In seinen Memoiren „Hard Sell" schreibt Jamie Reidy: „Wir konnten uns endlich wie Popstars benehmen! Wir hatten den Penis wieder zum Hauptdarsteller gemacht."

Allerdings beeinflussen Viagra und seit 2013 ähnliche Medikamente wie Cialis oder Levitra nur den Blutfluss im Penis, und nicht immer ist Impotenz ausschließlich eine Frage des Schwellkörpers. „Wenn die Ursache für die Störung in einem zu niedrigen Testosteronspiegel liegt, kann Viagra nicht helfen. Testosteron ist die Voraussetzung für eine funktionierende Erektion", erklärt der Urologe Walter Stackl. Einen anderen Einspruch meldet der Sexualtherapeut und Präsident der Österreichischen Gesellschaft für Sexualforschung Johannes Wahala an: „Viagra kann auch zu einer Enttäuschung führen, nämlich dann, wenn man draufkommt, dass es nicht am Nicht-Können liegt, sondern am Nicht-Wollen." Wenn eine Erektionsstörung psychische Ursachen hat – was bei 20 bis 30 Prozent der Fälle zutrifft –, kann Viagra seine Wirkung nur eingeschränkt entfalten. „Es braucht auch ein gewisses Mindestmaß an Lustbereitschaft, damit das Medikament überhaupt wirksam wird", sagt auch der Innsbrucker Sexualwissenschaftler Josef Aigner. Ein nicht einsatzbereiter Penis habe durchaus auch eine Warnfunktion, so Frank Sommer, deutscher Experte für Männergesundheit, im „stern": „Wenn die Gefäße nicht mehr ausreichend durchblutet sind, kann das auch ein Hinweis auf einen bevorstehenden Herzinfarkt sein." In jedem Fall funktioniert Viagra rein mechanisch; für Lustbereitschaft existiert kein Medikament, das der Mann einfach so einwerfen kann.

Die Lustlosigkeit der jungen Männer

Und just die Lustbereitschaft scheint im Zeitalter einer durch Internet-Pornografisierung nahezu unbeschränkt permissiven Gesellschaft das größte Problem zu sein. Inzwischen wird die sexuelle Unlust innerhalb von Paarbeziehungen zu einem Phänomen mit epidemischen Ausmaßen. Im US-Psychojargon wurde für in Sexlosigkeit lebende Beziehungspartner bereits das Kürzel DINS (Dual Income, No Sex) geprägt. Der Druck der Finanzkrise, die wachsenden Existenzängste, der Stress durch Familienzuwachs, ein zunehmend onlineorientiertes Freizeitleben und der rasant steigende Konsum von Antidepressiva, die bekannterweise den Lustpegel senken, bewirken, dass außer dem Computer in Langzeitbeziehungen oft nur wenig bis gar nichts läuft. US-Experten schätzten bereits 2003, dass in den USA nahezu ein Fünftel aller Paare in der sexfreien Zone leben. Novum ist in den neuesten Untersuchungen, dass junge Männer zunehmend über Libidoverlust klagen. Sexualtherapeut Johannes Wahala diagnostiziert in „profil" ein ähnliches Störungsbild: „Tendenziell erleben wir aber einen Rückgang der reinen Funktionsstörungen und eine Zunahme der Lustlosigkeit. Das geht bis zur sexuellen Aversion. Die sexuelle Vielfalt, wie sie heute gelebt werden kann, kollidiert mit dem Wunsch nach sexueller Authentizität. Da tun sich viele Männer schwer."

Diese Entwicklung kennt die Wiener Ärztin und Sexualtherapeutin Elia Bragagna auch aus ihrem Berufsalltag: „In meiner Praxis stehen plötzlich immer mehr junge, hübsche Männer, die über Potenz- und Luststörungen klagen." Als Ursache für dieses Phänomen ortet Bragagna „das Leben in einer Kick-Gesellschaft": „Um den gängigen Leistungsvorstellungen zu entsprechen, gehen diese Männer mit Frauen ins Bett – obwohl ihr Körper das eigentlich gar nicht will." Potenzmittel, die von angstbesetzten Twens manchmal wie Partypillen eingeworfen werden, um am Wochenende erfolgreich zu bestehen, hätten da nur eine „Krückenfunktion", um Sicherheit zu geben und Ängste abzubauen. Bragagna ist überzeugt, dass „Nähe und Vertrauen noch immer die wichtigsten Voraussetzungen für eine funktionierende Sexualität sind."

Klingt verdammt simpel, wird aber zunehmend schwieriger. Die Angst, nicht ausreichend bestückt zu sein, wird in der pornografisierten Generation bereits früh manifest. Der von Sigmund Freud den Mädchen zugeschriebene Penisneid ist hauptsächlich eine rein innermännliche Angelegenheit. Laut einer Untersuchung der deutschen Gesellschaft für Rationale Psychologie gaben 54 Prozent der 2800 befragten Männer an, dass sie mit der Größe ihres Dings nur mäßig zufrieden seien, 16 Prozent attestierten ihrem Mittelstück sogar nur Mickrigkeit. Die Größe des Gemächts ist freilich bisweilen mehr von psychologischer als von praktischer Bedeutung. Nachdem die empfindsame Zone der Vagina nur sieben Zentimeter misst, reicht ein durchschnittlich entwickelter Penis (in Mitteleuropa laut Statistiken 13,5 Zentimeter im erigierten Zustand) bei Weitem. Da ohnehin nur sechs Prozent der Frauen, wie eine Studie unter der Leitung des französischen Sexualtherapeuten Yves Ferroul ergab, durch vaginale Penetration zum Höhepunkt gelangen, können sich Männer mit Größenkomplexen entspannt zurücklehnen. Wichtiger ist allerdings der Umfang. Die Stimulation der mit 8000 Nervenenden durchzogenen Klitoris steht in Zusammenhang mit der Dicke des Sexualorgans. Außerdem: „Penisse sind unberechenbar", so die Sexforscherin Maggie Paley in ihrem Kompendium „Unter dem Feigenblatt", „die Größe eines schlaffen Glieds sagt nichts darüber aus, wie es im erigierten Zustand aussieht." Manche Penisse, die im unerregten Zustand besonders beeindruckend wirken, schwellen bei einer Erektion am wenigsten an. Paley untersuchte für ihr Buch weltweit sämtliche Statistiken und Studien zum besten Stück. Mit dem Fazit, dass keine Untersuchung belegt, dass die Nasengröße eines Mannes, so die sich beharrlich haltende Volksweisheit, als Signalträger für die Beschaffenheit seines Penis gilt. Grund zur berechtigten Sorge gibt allerdings ein Mittelstück, das im erigierten Zustand weniger als 9,3 Zentimeter lang ist und einen kleineren Umfang als 8,9 Zentimeter besitzt. In diesem Fall übernimmt die Krankenkasse die Kosten für einen chirurgischen Eingriff.

Powersex mit Günther

Was ist das Dilemma zwischen Männern und Frauen im Bett?, wurde die Erfinderin von „Sex and the City", Candace Bushnell, zum Serienstart vor 20 Jahren in einem Interview gefragt. Ihre Antwort: „Männer, die in Angst sind, zu früh zu kommen, treffen auf Frauen, die in Angst sind, überhaupt zu kommen."

Ich würde hinzufügen, dass Frauen und Männer noch immer ein unterschiedliches Verständnis davon haben, wie gelungene Sexualität auszusehen hat. Wie groß dieser Unterschied ist, zeigt sich daran, dass nur wenige Frauen durch Penetration zu einem Orgasmus kommen, die meisten haben ihren ersten Höhepunkt durch klitorale Selbstbefriedigung. Doch „Günther kennt nur Powersex. Sex, bei dem er nichts anderes will als nur vögeln", beschreibt der deutsche Sexualtherapeut Oskar Holzberg das eindimensionale Sexualverständnis eines Klienten im Frauenmagazin „Brigitte", das stellvertretend für viele gelten könnte. Männer vom Typ Günther glauben, nur dann sexuell funktionstüchtig zu sein, wenn dieses Powerkonzept bedient wird. Der deutsche Doyen der Sexualforschung, Volkmar Sigusch, geht sogar so weit, Europa in unserem „profil"-Interview zu einem erotischen Entwicklungsland zu degradieren: „Ich beschreibe unsere Kultur, die europäische, als grundsätzlich antierotisch. Wir haben keine ‚ars erotica', also keine Liebes- und Sexualkultur, entwickelt. Wir praktizieren grundsätzlich so etwas wie Karnickelsex: rein, raus, fertig, gute Nacht. Und die heutige Internetsexualität ist ja auch alles andere als eine ‚ars erotica', sondern vielmehr das exakte Gegenteil."

Dennoch sehen nicht alle Sexforscher ihr Gebiet so düster. „Natürlich ist die klassische Penetration noch immer die am häufigsten praktizierte Form von Sexualität", so Debby Herbenick, Leiterin einer amerikanischen Sexualstudie im „Journal of Sexual Medicine", „auffallend ist jedoch, dass beide Geschlechter einander weitaus experimentierfreudiger begegnen als in früheren Jahren. Das Vorspiel ist facettenreicher und avanciert so häufig zum Hauptgang." Als „überraschend positiv" bewertete Herbenick auch „die Einstellung zum oralen Sex": „Mehr als die Hälfte der Frauen gaben an, von ihren Partnern regelmäßig oral befriedigt zu werden." Auch das Phänomen des „Silver Sex", wie die US-Sexualtherapeutin Ruth Westheimer sexuelle Aktivitäten unter Senioren etikettierte, scheint nicht nur eine Kopfgeburt der Lifestyle-Publizistik zu sein: 38 Prozent der Männer und 25 Prozent der Frauen zwischen 60 und 69 Jahren bekennen sich zu einem regelmäßigen Sexualleben, in dem auch Offenheit für zwischengeschlechtliche Innovationen herrscht. Philip Roth, der verstorbene Potenzneurotiker der US-Autorenelite, erzählt davon aus dem Blickwinkel der melancholischen Ironie in seinem Roman „Demütigung". Dort stemmt sich der verblassende Theatergott Simon Axler gegen die eigene Vergänglichkeit, indem er sich mit einer „ausgekocht naiven" Lesbe, die kurz vor der Geschlechtsumwandlung steht, zu Lustspielen inklusive grünem Dildo und einer weiteren Blondine hinreißen lässt. „Das männliche Selbstverständnis basiert eben in großem Maß auf sexueller Potenz", erklärte Roth, „dass Männer bis ins hohe Alter sexuelle Begierde empfinden, hat weniger mit Todesfurcht als mit Gier nach Leben zu tun."

Dass das Sexualorgan der Frau verglichen mit dem des Mannes wie „eine sensible Handwaffe im Vergleich zu einer Schrotflinte" funktioniert, so die Wissenschaftlerin Natalie Angier, und nicht wie „ein lachhafter Gegenpenis" (Simone de Beauvoir) zu handhaben ist, ist ein biologisches Faktum.

Zehn Prozent der Frauen simulieren – nach einer Studie der Berliner Charité – regelmäßig, die übrigen 90 Prozent zumindest hin und wieder einen Höhepunkt. Männer, so die gängige Meinung, hätten zu solchen orgiastischen Theatereinlagen gar keine Möglichkeit. Denn Orgasmus sei gleich Ejakulation. Seltsamerweise gaben in einer Umfrage des deutschen Emnid-Instituts nur 41 Prozent der befragten Männer an, ihrer Partnerin noch nie einen Orgasmus vorgetäuscht zu haben. Was darauf hindeutet, dass sich die Mehrheit doch schon solche Simulationen geleistet hat. Die Gleichsetzung von Orgasmus und Ejakulation hält jedenfalls nicht, auch wenn sie physiologisch eng miteinander verbunden sind: Die für den männlichen Orgasmus typischen Kontraktionen der Genitalgänge, der Prostata und der Beckenbodenmuskulatur lösen im Normalfall eine Ejakulation aus, allerdings kennen nicht nur Tantra-Fans auch den „trockenen Orgasmus". Umgekehrt können auch Ejakulationen ohne Orgasmus auftreten, vor allem im Schlaf.

„Frauen sind vielleicht besser darin, einen Orgasmus vorzutäuschen", so die Schauspielerin Sharon Stone, „Männer hingegen können ganze Beziehungen vortäuschen."

Womit wir gleich mitten in unserem nächsten Thema sind.

„Was ist denn das jetzt eigentlich für dich?“: Liebe, Schmerz und das ganze Zeug

„Ich wollte ja nur einen leichten Fick.
Ich wollte das eigentlich so wie immer regeln
und hab gesagt, du, das wird mir ein bissl zu eng,
wir sollten das, glaub ich, lieber beenden.“

Aus Martin Grubers „Die wunderbare Zerstörung des Mannes“

„Ich wünschte, die fette Schlampe wäre hier.“

Richard Burton erinnert sich am Totenbett noch einmal an Liz Taylor

Beginnen wir mit dem Ende. Wie viele Frauen wurde auch ich in meiner Liebesbiografie einige Male dadurch traumatisiert, dass Männer nach Beziehungen ohne gröbere Erklärungsnotstände einfach verschwanden. Maximal unter Hinterlassung einer SMS. Im Liebes-Jargon des Internet wird dieses kommentarlose Verschwinden, das auch oft von der Blockierung der Kontakte in den sozialen Medien begleitet wird, mit dem Ausdruck „Ghosting“ bezeichnet. Erinnern wir uns an den vermeintlich einfühlsamen Schriftsteller Jack Berger, der aus Carrie Bradshaws „Sex and the City“-Leben unter Hinterlassung eines gelben Post-it-Zettelchens auf dem Kühlschrank verschwand, auf dem zu lesen stand: „I'm sorry. I can't. Please don't hate me.“ Diese Botschaft führte zu konzertierter Empörung bei laktosefreiem Decaf-Cappuccino und Heidelbeersmoothies. Doch wäre es Fräulein Bradshaw wirklich lieber gewesen, eine Wahrheit wie „Es liegt nicht an mir, es liegt an dir“ zu hören? Der beste Satz zu dem Thema ist meiner Meinung nach noch immer: „Gemeinsam sind wir nur die Hälfte wert.“

Ein Freund, der an Beziehungs-ADS leidet, erzählte mir kürzlich, dass er einmal beim Finale alles richtig machen wollte und die persönliche Aussprache suchte: Mit dem Fazit, dass die Gekränkte seinen Laptop zertrümmerte. Prinzipiell ist die Abtauch-Strategie der Männer natürlich mit Feigheit, Konfliktscheue, aber auch mit einem verbalen Ausdrucksmangel für Emotionen zu erklären. Frauen definieren sich noch immer mehr durch ihren Beziehungsstatus als durch ihre berufliche Position. Deswegen sind sie sehr schnell mit der Frage da: „Was ist denn das jetzt eigentlich für dich?“, was wiederum bei Männern, besonders jenen aus der „Generation Maybe“, wie die 25- bis 35-Jährigen wegen ihrer Entschluss-Kraftlosigkeit genannt werden, schnell zu Stress führt.

„Meine Abreise wird dich betrüben“

Das radikalste Beziehungsende in der Literaturgeschichte legte Leo Tolstoi hin, der im Alter von 82 Jahren das tat, was er sich schon seit langer Zeit gewünscht hatte. Er verließ die Frau, die ihm 13 Kinder geboren und nachts seine Manuskripte ins Reine geschrieben hatte, nach 48 Jahren Ehe unter Hinterlassung eines Briefes: „Meine Abreise wird dich betrüben. Das bedauere ich, aber begreife es, und glaube mir, dass ich nicht anders handeln konnte. Abgesehen von allem Schlechten kann ich nicht länger unter den luxuriösen Bedingungen leben, unter denen ich gelebt habe, und ich tue, was alte Leute in meinen Jahren für gewöhnlich tun: Sie gehen fort aus dem weltlichen Leben, um in Zurückgezogenheit und Stille ihre letzten Lebenstage zu verbringen [...]

Bitte, versteh das und reise mir nicht nach, wenn du erfährst, wo ich bin. Deine Ankunft würde nur deine und meine Lage verschlechtern. Ich rate dir, dich mit der neuen Lage, in die dich meine Abreise bringt, abzufinden und keine unguten Gefühle gegen mich zu hegen ...“

Nach der Lektüre des Briefes will sich die 66-jährige Sofja Tolstaja im Ententeich des Landgutes ertränken und kann gerade noch gerettet werden. Leo Tolstoi stirbt wenige Tage nach seiner Flucht im Wartesaal eines Bahnhofs an einer Lungenentzündung.

„Er war schön, feige und ein Machospießer", sagte Romy Schneider über die Liebe ihres Lebens Alain Delon, der das „Wir müssen reden"-Gespräch auf brutale Art und Weise umschiffte. Als Romy Schneider nach sechsjähriger Verlobungszeit und immer wieder neu angesetzten und wieder abgesagten Hochzeitsterminen nach Dreharbeiten in die gemeinsame Wohnung in Paris zurückkehrte, fand sie nichts als einen Strauß roter Rosen in einer Vase, unter der ein Zettel lag: „Bin mit Nathalie nach Mexiko. Alles Gute, Alain." Laut ihres posthumen Biografen Michael Jürgs („Der Fall Romy Schneider") versuchte sich die Schauspielerin danach mit einer Rasierklinge die Pulsadern aufzuschneiden und wurde gerade noch rechtzeitig von einem Freund gefunden, der einen diskreten Arzt alarmierte.

Aber wie leiden Männer?

Empfinden Männer Trennungen anders? Dazu interviewte ich Silvia Fauck, die in Berlin eine Praxis mit dem Spezialgebiet Liebeskummer betreibt: „Männer sind viel unfähiger, allein zu leben. Die verlassen eine Frau meist auch nur dann, wenn bereits eine neue in der Warteschleife kreist. In der Regel brauchen sie sieben Sitzungen, während Frauen oft über Monate kommen, manchmal auch dann, wenn sie bereits neu liiert sind." Interessanterweise ist der Männeranteil unter ihren Klienten höher: „Ich habe normalerweise mehr Männer als Frauen. Männer sind oft sozial viel isolierter und haben niemanden, vor dem sie sich eine Blöße geben wollen." Diese Unfähigkeit, Verletzungen und Ängste offenzulegen, schlägt sich häufig in psychosomatischen Beschwerden nieder. In ihrer Sozialisation auf Gefühlsverdrängung konditioniert, sind Männer dafür naturgemäß anfälliger.

Henriette Löffler-Stastka, Spezialistin für Affektforschung und Psychosomatik an der Wiener Universitätsklinik für Psychoanalyse und Psychotherapie, weiß, „dass es Menschen gibt, die nach einer Trennung keine Trauer wahrnehmen können, sondern nur einen körperlichen Schmerz, etwa im Rücken oder Bauch“, vor allem dann, wenn „keine adäquate Verarbeitungsmöglichkeit gegeben ist“.

Besonders Patienten, die an einer emotionalen Störung leiden, etwa einer Unfähigkeit, Gefühle zu erleben, übertragen ihre Gefühle auf körperliche Reaktionen: „Wenn jemand von klein auf keine andere Möglichkeit entwickeln konnte, als Gefühle zu unterdrücken, kann sich der Affekt sehr oft den Weg über den Körper bahnen.“

Fazit: Männer leiden, lieben und trauern genauso wie Frauen. Denken wir nur an Goethes Briefroman „Die Leiden des jungen Werther“ oder Shakespeares „Romeo und Julia“. Nur befinden sich auf dem emotionalen Display des Mannes andere Verarbeitungs-„Apps“. Und das Bewältigungsvokabular fehlt ihnen. Frauen können eine bestimmte Farbe in Nuancen wie Mint, Apfel oder Flaschengrün wahrnehmen, für Männer ist in so einem Fall meist alles „grün halt“.

„Wir haben uns auseinandergelebt“

Scheidungsanwälte schätzen, dass 80 Prozent der Scheidungsverfahren von Frauen eingeleitet werden. Mit dem geschlechtsspezifischen Unterschied, dass Frauen vor allem gehen, weil sie sich überlastet und bei der Kinder- und Haushaltsorganisation von ihrem Partner alleingelassen fühlen. Männer verlassen ihre Ehefrauen zu einem hohen Prozentsatz nur dann, so die Wiener Scheidungsanwältin Helene Klaar, „wenn bereits eine neue Hemdenbüglerin in den Startlöchern steht“. Die Gesamtscheidungsrate, die ihren statistischen Höchststand in Österreich im Jahr 2007 mit fast 50 Prozent erlebte, ging bis 2016 leicht zurück. Doch diese leicht reduzierten Zahlen sind mehr mit der Wirtschaftskrise und der damit verbundenen Verunsicherung zu erklären als mit einem Revival der Liebe oder einer Rückbesinnung auf traditionelle Werte. Die Statistik aus dem Jahr 2017 zeigt mit einem Anstieg von 1,6 Prozent wieder einen Aufwärtstrend in Richtung Scheidung.

Mittels einer anonymisierten Umfrage wollte „Die Zeit" online die häufigsten Gründe ermitteln, warum Frauen mit einem Mann Schluss machen. Sieger der Umfrage war die Antwort „Sie hat nicht das Gefühl, seine Nummer Eins zu sein", gefolgt von „Sie haben zu viele Meinungsverschiedenheiten", erst auf dem zehnten und letzten Platz wurde jener Grund angegeben, der bei Männern wiederum die häufigste Ursache für eine Trennung ist: „Sie hat sich in jemand anderen verliebt."

Für viele Männer, auch das bestätigen sämtliche Anwalts-Interviewpartner, kommt der Exit-Wunsch der Frauen de facto wie aus heiterem Himmel. „Haben Männer keine Antennen für die Abkoppelungssignale der Frauen?", will ich von dem ausschließlich auf Männer spezialisierten deutschen Psychotherapeuten Björn Süfke, Autor zahlreicher Bücher über männliche Identitätskrisen, wissen. Seine Antwort: „Damit unterstellen Sie ja einen bewussten Vorgang. Ich würde eher sagen: Sie glauben, diese Signale nicht sehen zu dürfen. Denn sie haben sich ja abgewöhnt, sich mit ihren Gefühlen zu beschäftigen. Es wurde ihnen früh antrainiert, sie abzuwehren. Deswegen begegnen sie auch den Signalen ihrer Partnerin und deren Gefühlsäußerungen mit einer gewissen Hilflosigkeit und sind nicht in der Lage, sie zu deuten. So kommen Trennungen für sie tatsächlich häufig völlig überraschend."

Die Ursachen für Scheidungen werden, so der Wiener Scheidungsanwalt Thomas Rast, zunehmend nichtiger: „Früher wirkte Schwerwiegendes wie Gewalt und Alkoholismus als Auslöser; heute reicht den jeweiligen Partnern schon, dass der andere zu langweilig ist und jemand anderer interessanter sein könnte." In der therapeutischen Fachsprache nennt man dieses Phänomen „eine Überbewertung situativer Faktoren", wie die forensische Psychiaterin Heidi Kastner erzählt.

„Die Langeweile ist wie ein Gespenst in unser gemeinsames Leben gekrochen", erzählt ein 52-jähriger Investmentbanker, der sich eben getrennt und auch schon wieder neu orientiert hat. „Ich dachte mir: Das kann doch nicht alles gewesen sein - und bin gegangen."

Die Trennungsbranche, egal ob Psychologen oder Familienanwälte, rät zu einer Abkühlphase, wenn die Emotionen zu verhärtet sind und Gespräche nur mehr in Abwertungs- und Vorwurfsspiralen enden: Ein Partner sollte den gemeinsamen Haushalt im Idealfall für eine Weile verlassen, ehe man sich an den Verhandlungstisch setzt. Für ihre Klienten hat die Wiener Scheidungsanwältin Andrea Wukovits, die auch eingetragene Mediatorin ist, geschlechtsspezifische Strategien entwickelt: „Frauen schicke ich möglichst schnell vor Gericht. Dort sind sie sicherer. Denn sobald der Trennungsprozess eine Amtlichkeit erreicht hat, wirkt das auf aufgebrachte Männer deeskalierend. Da hören dann Psychoterror und Gewalt sehr schnell wieder auf." Männern rät sie, eine Mediation zu besuchen: „Besonders bei punktuellen Problemen wie Kindern und Besuchsrecht kann Mediation sehr viel leisten. Die Voraussetzung für das Gelingen ist jedoch die Bereitschaft von beiden, aktiv an einer Regelung mitzuarbeiten." Im Bestfall endet ein solcher Mediationsprozess (pro Sitzung 220 Euro, bei entsprechend geringem Einkommen vom Familienministerium bezuschusst) mit einer außergerichtlichen Einigung. Im Fall von Unterhalts- oder Vermögensstreitigkeiten hat sich für Wukovits die Mediation nicht bewährt, weil kaum jemand in einem solchen Setting wahrheitsgemäß seine Einkommens- und Vermögensverhältnisse offenlege: „Dafür ist das Gericht der viel bessere Austragungsort."

Nach Ansicht der forensischen Psychiaterin Heidi Kastner entkoppeln sich Menschen heutzutage zu schnell aus ihrer Zweisamkeit, egal, ob es sich um Lebensgemeinschaften, Ehen oder Liebesbeziehungen handelt – auch weil sie hoffen, um die nächste Ecke „ein besseres Angebot“ zu finden. Mit ihrem Buch „Tatort Trennung“ wollte sie 2016 einen Warnschuss gegen diese Leichtfertigkeit setzen. Ihre Grundthese: „Jeder Mensch sollte sich so wenig wie möglich trennen.“ Denn Abkoppelungen übten auf alle Beteiligten extremen Stress aus. Besonders bei den Verlassenen, die mit einem ramponierten Selbstwertgefühl zurückbleiben und die Welt nicht mehr verstehen, kann ein solcher Prozess neben Depressionen und Angststörungen auch psychosomatische Beschwerden wie Herzflattern, Rückenschmerzen, Brustdruck und Schlafstörungen nach sich ziehen.

Die Initialzündung für solche Ablöse-Prozesse seien bei beiden Geschlechtern vor allem „die völlig überzogenen Erwartungshaltungen, mit denen Menschen in Beziehungen gehen“: „Den Satz, den ich bei der Arbeit an meinem Buch am meisten zu hören bekam, war: ‚Wir haben uns auseinandergelebt.‘ Und genau dieser Satz geht mir auch schon am meisten auf die Nerven. Die meisten Menschen können gar nicht artikulieren, was denn dieser Satz eigentlich bedeutet. Es sind enttäuschte Erwartungen, falsche Hoffnungen und eine Überbewertung situativer Faktoren.“ Prinzipiell steht Kastner dem „Konzept der Vernunftehe“ nicht negativ gegenüber: „Ich habe immer wieder mit Paaren aus anderen Kulturkreisen zu tun. Dort haben Freundschaft und Verlässlichkeit einen viel höheren Stellenwert als Liebe.“ Liebe als „notwendige Voraussetzung für eine funktionierende Ehe“, so die Scheidungsanwältin Helene Klaar, sei „schon das große Missverständnis – denn davon steht im Bürgerlichen Gesetzbuch einfach nichts“.

Beziehungsforscher wie der US-Soziologe John Gottman, der in einem eigenen Love Lab in Seattle Tausende Paare analysierte, oder auch der deutsche Paartherapeut Arnold Retzer, der den Vorzügen der Vernunftehe ein ganzes Buch gewidmet hat, sind der festen Überzeugung, dass für die Dauerhaftigkeit einer Beziehung Freundschaft das wirksamste Bindemittel ist.

Lob der Freundschaft

Vielleicht sollte man sich vor einer Entscheidung für oder gegen die Ehe vom Evolutionsforscher Charles Darwin inspirieren lassen, der in dem für die damalige Zeit fortgeschrittenen Alter von 30 Jahren 1839 eine Pro- und Contra-Checkliste anlegte. Als potenzielle Gattin bot sich seine Cousine Emma Wedgwood an – der Ehe sollten später zehn Kinder entspringen. Akribisch notierte Darwin im Vorfeld die Vor- und Nachteile der Ehe. Zu Letzteren zählte er: „Am Abend nicht lesen können. Beleibtheit und Faulheit. [...] Wenn viele Kinder da sind, ist man verpflichtet, für deren Lebensunterhalt zu sorgen." Andererseits: „Ständige Begleiterin (und Freundin im Alter), die sich für einen interessiert, die einen liebt und sich mit einem beschäftigt. – Jedenfalls besser als ein Hund. [...] Mein Gott, der Gedanke ist unerträglich, sein ganzes Leben wie eine geschlechtslose Biene zu verbringen und nichts zu haben außer Arbeit, Arbeit, Arbeit." Darwins Fazit: „Es erweist sich als notwendig, zu heiraten." Wann? Mister Darwin: „Früher oder später."

Die israelische Soziologin Eva Illouz appelliert in einem „profil"-Interview zu einer Verschiebung der emotionalen Prioritäten. „Es würde uns viel besser gehen, wenn wir Freundschaften ein ebensolches Gewicht verliehen wie unseren intimen Beziehungen. Foucault hatte recht: Das 20. Jahrhundert war die Epoche der Sexualität. Doch inzwischen ist Leidenschaft viel zu riskant geworden. Geben wir Freundschaften endlich die kulturelle Sichtbarkeit, die sie verdienen." Ein Denkansatz, der übrigens nicht ganz neu ist, genauer gesagt 2000 Jahre alt: Schon für den antiken Philosophen Aristoteles galt die „Philia" als eines der höchsten Tugendideale und die wichtigste Voraussetzung für eine funktionierende Gesellschaft. Was auch damit zusammenhing, dass es in der Polis-Gesellschaft keinerlei öffentliche Dienste wie Polizei und Feuerwehr gab, sondern jeder vom Wohlwollen des anderen abhängig war.

Im Alter von 110 Jahren starb 2016 der Inder Karam Chand, der in England gelebt hatte und mit seiner 103-jährigen Frau Katari bis heute den Eheweltrekord hält: Die achtfachen Eltern hatten noch ihren 90. Hochzeitstag gefeiert. Von den Reportern befragt, was die Glücksformel ihrer Beziehung sei, schmetterten beide im Duett los: „Den anderen nicht verändern zu wollen, nicht zu streiten, Respekt füreinander und keinerlei Geheimnisse voreinander zu haben."

Auf der Suche nach der „blauen Blume"

Ungeachtet von Pornografisierung, Liebes-ADS und der wachsenden Brüchigkeit von Beziehungen boomt die Suche nach der „blauen Blume" ungebrochen. Die „blaue Blume" ist das Logo jener Epoche im 18. Jahrhundert, die in die Kulturgeschichte als Romantik einging. Sie symbolisiert die Sehnsucht nach der idealen Liebe. Der Dichter Novalis (bürgerlich: Friedrich von Hardenberg) ließ sie in seinem Romanfragment „Heinrich von Ofterdingen" dem Held im Traum erscheinen: In der „hohen lichtblauen Blume" sah er das Antlitz einer Frau, in die er sich später abgöttisch verlieben sollte. Die Bilderhalden von Instagram, Facebook & Co. quellen über von Derivaten dieser Sehnsuche nach der idealen Liebe: Dicht aneinandergeschmiegte Paare inszenieren sich vor Sonnenaufgängen, vor kunstvoll gestalteten „Foodporns" oder vor dem Kamin; innig verschränkte Hände werden in Großaufnahme gepostet; kaum haben zwei Menschen die ersten zwei Dates hinter sich, wird der „Ist in einer Beziehung"-Button angeklickt, Herzchen-Zierleiste inklusive. In einer Umfrage zum Valentinstag 2016 erhob das Marktforschungsinstitut Marketagent, dass zwei Drittel der Österreicher an die große Liebe auf den ersten Blick glauben; 51 Prozent der Befragten haben sie schon einmal erlebt. Das Romantische und die Sehnsucht danach haben – allen neuen Technologien und dem damit verbundenen pornografischen Overkill zum Trotz – überlebt. Für den Literaturwissenschaftler Rüdiger Safranski, Verfasser des Werks „Romantik – eine deutsche Affäre", ist das die logische Konsequenz einer kollektiven Verunsicherung: „Das Romantische ist fast immer im Spiel, wenn ein Unbehagen am Wirklichen und Gewöhnlichen nach Auswegen, Veränderungen und Möglichkeiten des Überschreitens sucht."

Wer auf Dauer mit Leidenschaft, Gefühlsräuschen und Romantik in einer Beziehung bedient werden will, hat schlechte Karten. Denn der romantische Trieb, der sich laut der New Yorker Anthropologin Helen Fisher, falls Kinder im Spiel sind, bestenfalls vier Jahre lang auf einen Partner beschränken kann, brauche nach dieser Zeit neue Betätigungsfelder. Für Fisher unterliegt die Sehnsucht nach Romantik genauso der Triebstruktur wie Hunger, Durst und die Libido. Dauerhafte sexuelle Erfülltheit und Romantik scheinen aus evolutionsbiologischer Sicht trügerische Illusionen. Fisher untersuchte über Jahrzehnte weltweit Stammeskulturen: „Wir sind derzeit auf dem Weg zu Beziehungen, wie wir sie vor einer Million Jahren hatten. In den Jäger-und-Sammler-Gemeinschaften der afrikanischen Steppe sind Frauen zur Arbeit gependelt, haben Früchte gesammelt und am Ende des Tages 80 Prozent des Abendessens beigesteuert. Ein doppeltes Haushaltseinkommen war also Standard, Männer und Frauen waren gleichberechtigt." Mit dieser Entwicklung und dem wachsenden Selbstbewusstsein der Frauen wandle sich der Mann zunehmend vom „Ernährer zum Partner", was ihm, wie im ersten Kapitel beschrieben, auch erhebliche Selbstverständnis-Probleme beschert. Gleichzeitig ziehen Frauen auch viel schneller die Reißleine, wenn zu viele Störfaktoren auftreten.

Männer seien durch solche radikalen Schnitte in der Regel härter getroffen, so der Verhaltensbiologe und Konrad-Lorenz-Nachfolger Kurt Kotrschal: „Alleinstehende ältere Männer werden weitaus schneller depressiv oder Alkoholiker; in den Ballungszentren leben die Frauen zunehmend mit Hunden und anderen Frauen; sie brauchen keinen Partner mehr, sondern nur noch den Samen." Aus wissenschaftlicher Sicht sei „lebenslange" Dauer in Partnerschaften ohnehin „biologisch nicht vorgesehen". Und der Samen kann ja neuerdings auch online bestellt werden. Nicht nur Liebe und Sexualität gehen zunehmend getrennte Wege, auch Fortpflanzung und Sex.

Die US-Sexualtherapeutin Ruth Westheimer rät zu einem allwöchentlichen Treffen in einem Stundenhotel „in einem schönen Nachthemd", um die Erotik auf Bluttemperatur zu halten, doch diese wunderbare Frau ist über 80, mit solchen Aktionen wird die Libido der pornoverseuchten Millenials nicht mehr aufzuladen sein.

Wie zerstörerisch sind Seitensprünge?

Prinzipiell geben bei vielen Umfragen rund zwei Drittel der Männer, aber nur ein Drittel der Frauen an, ihren Partner schon einmal betrogen zu haben. Doch das kann rein mathematisch betrachtet gar nicht der Realität entsprechen. Bei Frauen hemmt ein gewisses gesellschaftlich verordnetes Schamgefühl mit Sicherheit noch die Geständnisbereitschaft; Männer haben damit weit weniger Probleme, ihr Ego fühlt sich durch promiske Abenteuer eher beflügelt. In einem Interview schenkte mir der Schauspieler Maximilian Schell den poetischen Aphorismus: „Im Leben eines jeden Mannes kommt einmal der Moment der Wahrheit und dann heißt es lügen, lügen, lügen." Auch vom juristischen Standpunkt ist „lügen, lügen, lügen" für den Ehebrecher die beste Strategie, so der Wiener Scheidungsanwalt Raimund Hora: „Alle Beweise sollten vernichtet werden. Mein Rat: Die Märchenprinzessin während eines Scheidungsverfahrens unbedingt in der Schublade lassen." Das ist auch die Ansicht seiner Amtskollegin Helene Klaar: „Den Adonis besser einfrieren, wenn es zu einem Verfahren kommt." Auch aus psychotherapeutischer Sicht ist „das Beichten solcher Sünden", so Heidi Kastner in „Tatort Trennung", „eine entbehrliche Übung", vorausgesetzt, dass es sich dabei „um Affären mit wenig emotionalem Engagement handelt". In der Beziehung stelle sich schleichendes Gift ein, wenn der oder die Betrogene die Fremdgänge nur „scheinbar verzeihe, sie aber dann doch bei jeder Gelegenheit dem anderen vorhalte".

#besthubbyintheworld; #lovemywife; #soluckytohavehim/her

Zwischen den romantisch beflügelten „Is in a relationship"-Inszenierungen einer monogamen Zweisamkeit, wie sie auf Facebook & Instagram mit begleitenden Hashtag-Orgien – #besthubbyintheworld, #lovemywife, #soluckytohavehim/her – praktiziert werden, und einer pornoaffinen, „gefühlsbefreiten, aggressiven Sexualkultur", so die US-Autorin Emily Witt, muss sich vor allem jene Bevölkerungsgruppe zurechtfinden, die laut Demografen am rasantesten wächst: Rund 1,4 Millionen Menschen wohnen laut Statistik Austria in Österreich zurzeit in Einpersonenhaushalten. 2005 waren es noch 1,2 Millionen. Die Geschlechter-Aufteilung mit Stand 2017: 639.000 Männer und 799.000 Frauen leben in Österreich allein. Dabei haben Männer, die aufgrund ihrer kürzeren Lebenserwartung seltener in die Alterseinsamkeit fallen als Frauen, gegenüber den Frauen stark aufgeholt. Die Zahl der Menschen ohne Partner ist den Prognosen zufolge in jedem Fall steigend.

Noch dramatischer sind die Statistiken für Deutschland. In der „Spiegel"-Covergeschichte „Die Sehn-Suchenden", die den aktuellen Höchststand der Partnerlosigkeit thematisiert, erklärt der Heidelberger Soziologe Jan Eckhard, dass die Anzahl der Singles in Deutschland in den vergangenen 20 Jahren um 50 Prozent gestiegen ist; die Gruppe der 25- bis 35-Jährigen in urbanen Gebieten sei besonders betroffen. Als Leidtragende innerhalb dieses Segments erwiesen sich vor allem „Frauen ab

Mitte 30", die um diese Lebenszeit dann auch schon schnell das Etikett des Restpostens und „Spinsters" (alte Jungfrau) verpasst bekommen. Als Ursachen für diese Vereinsamungstendenzen nennt Eckhard die übergroße Auswahl durch die digitalen Möglichkeiten bei der Partnersuche und das – mit der Zahl der gescheiterten Beziehungen – „wachsende Selbstmitleid".

In Großbritannien wurde 2017 sogar ein „Ministerium für Einsamkeit" ins Leben gerufen. Laut einer britischen Rot-Kreuz-Studie ist das Land „eine Hochburg der Einsamkeit". Der „Guardian" fasste die Umfrage zusammen: Mehr als neun Millionen Menschen, rund 13 Prozent der britischen Bevölkerung, fühlen sich häufig einsam; 200.000 Senioren gaben an, höchstens einmal im Monat ein Gespräch mit Freunden oder Familie zu führen.

Die Ursachen für das Einzelgängertum als dominierendes Lebenskonzept sind komplex. Wenig überraschend, dass die fortschreitende Überalterung der Gesellschaft dabei eine große Rolle spielt. Nach Schätzungen der Vereinten Nationen wird sich die Zahl jener Menschen, die das 100. Lebensjahr erreichen, bis 2050 verzehnfachen. „Menschen, die ihren Fokus immer auf die Familie und deren Wohlergehen richteten, haben es oft verabsäumt, ein Netzwerk von Freundschaften zu errichten. Das fällt im Alter dann natürlich auf sie zurück, wenn sie verwitwet und die Kinder verstreut sind", sagt Margit Hermentin, die in Niederösterreich eine Agentur für die Vermittlung von Pflegepersonal betreibt.

Männer sind zwar in beruflichen Angelegenheiten noch immer die besseren Netzwerker, was jedoch ihre Fähigkeiten zur privaten Kontaktpflege betrifft, hinken sie den Frauen hinterher. Der Männertherapeut Björn Süfke erzählt aus seinem Praxisalltag: „Viele Männer haben mit 40, 50 Jahren gar keine engen Freundschaften mehr, oft haben sie die schon im Alter zwischen 20 und 30 verloren. Das hat mit der Entfremdung von den eigenen Gefühlen zu tun. Gefühle sind ja auch die Grundlage für soziale Beziehungen. Und wenn ich keine verspüre –

was aber nicht heißt, dass die nicht da sind –, habe ich ja auch keine Motivation, keine Triebfeder. Ohne Wunsch keine Handlung. Hilfe zu holen, egal ob bei einem Freund oder einem Therapeuten, ist für viele Männer noch ein absolutes Schwächeeingeständnis."

„Missversteh mich bitte richtig!"

Eine verlässliche Basis für zwischengeschlechtliche Missverständnisse bieten die unterschiedlichen Kommunikationsstile. Für Männer und Frauen gilt eigentlich das, was Karl Kraus über Österreicher und Deutsche sagte: Sie trennt die gemeinsame Sprache. In einer ihrer Alltagsgeschichten filmte die TV-Journalistin Elizabeth T. Spira ein Pärchen, bei dem die Fetzen flogen. Während die Frau ihren Kommunikationsmodus auf „friendly fire" gestellt hatte und den „Ihrigen" mit Vorwurfssalven beschoss, ging der Mann in Deckung. Irgendwann wusste er sich nicht mehr zu helfen und seufzte nur noch: „Missversteh mich bitte endlich richtig." Der Freud'sche Versprecher legte ein jahrtausendealtes Dilemma offen: Männer und Frauen kommunizieren häufig aneinander vorbei. Die sprachlichen Unterschiede kann man auch nicht mit den aktuellen Genderkorrektheitsdebatten schönreden. Sie sind evolutionsbiologisch und neurologisch bedingt. Was die Natur sich nun einmal vor Millionen Jahren ausgedacht hat, so die US-Anthropologin Helen Fisher, „kann die Zivilisation nicht mit der Delete-Taste so einfach wegdrücken".

Das beunruhigende Wissen, dass Frauen erheblich andere Mitteilungsbedürfnisse als Männer haben, ist grenzüberschreitend und seit Jahrhunderten Teil der nationalen Volksweisheit. Der preußische Gelehrte und Universitätsgründer Wilhelm von Humboldt formulierte es 1829 so: „Frauen drücken sich in der Regel natürlicher, zarter und dennoch kraftvoller als Männer aus. Ihre Sprache ist ein treuerer Spiegel ihrer

Gedanken und Gefühle." Kommunikationsforscher attestieren Frauen, mehr mit Konjunktiven, Fragen und Entschuldigungen als Männer zu arbeiten, der Grund dafür ist, dass ihr soziales Selbstbewusstsein tiefer angelegt ist. Tendenzielle Abschwächungen eigener Aussagen durch Frageformen („Ist das nicht ein schöner Rastplatz?"), Unschärfemarkierungen („Irgendwie schön hier, nicht?") oder indirekte Aufforderungen („Sollten wir hier vielleicht rasten?") seien als grammatikalische Eingeständnisse der eigenen Schwäche zu werten. Wir Frauen sollten Sätze wie „Hier wird gerastet" lernen – im Indikativ und ohne Fragezeichen.

Die US-Sprachwissenschaftlerin Deborah Tannen widmete sich in ihrem Bestseller „Du kannst mich einfach nicht verstehen" den Verständigungsschwierigkeiten zwischen den Geschlechtern. Klassisches Beispiel: Frauen signalisieren im Gespräch mit Minimalreaktionen wie „Mhm": „Ich höre dir zu." Für Männer, die solche Einwürfe deutlich seltener verwenden, bedeutet ein „Mhm" hingegen: „Passt für mich." Die weibliche Klassikerfrage „Woran denkst du gerade?" führt beim Mann oft zu der ehrlichen Antwort „an nichts" oder „nichts Bestimmtes", was Frauen wiederum gerne als Abwertung, mangelnde Empathie und Verschlossenheit interpretieren.

Deborah Tannen führt diese unterschiedlichen Gesprächsstile auf frühkindliche Lernerfahrungen zurück. Kinder üben das Sprechen überwiegend in gleichgeschlechtlichen Freundeskreisen, wobei Bubengruppen tendenziell von Hierarchie und Konkurrenz geprägt sind, Mädchen dagegen eher auf Verständigung und Zusammenarbeit ausgerichtet in kleineren Gruppen spielen und sprechen. Das Resultat: Männer kommunizieren hierarchisch und auf Konfrontation gepolt, Frauen kooperativ und konsensorientiert.

In der Kommunikation gilt, was auch in allen anderen Bereichen der menschlichen Psyche anzuwenden ist: die berühmte Drittel-Regelung. Ein Drittel ist genetische Veranlagung, den Rest bestimmen Herkunft und soziales Umfeld. Die genetische Veranlagung wird wiederum stark durch geschlechtsspezifische Faktoren bestimmt, etwa die unterschiedlichen Verschaltungen männlicher und weiblicher Gehirne. Lautstarkes Witzeerzählen am Biertisch unter Männern ist genauso wie Nie-ruft-er-zurück-Lamentos in der Prosecco-Schenke bei Frauen eine schlichte Anpassungsleistung. Die Sprachwissenschaft bezeichnet das als „communities of practice", also „Gesprächsgemeinschaften": In einem bestimmten Kontext wird auf eine bestimmte Weise miteinander gesprochen.

Der amerikanische Psychotherapeut Alon Gratch hat über männliche Kommunikation oder besser das Schweigen der Männer das Buch „Wenn Männer reden könnten" geschrieben. Laut Gratch liegt die Ursache der männlichen Kommunikationsökonomie, was die eigenen Emotionen und Schwächen betrifft, „im eigentlichen Wunsch des Mannes nach einem weiblichen Verhalten, der ihn natürlich auch schockiert und den er abzuwehren sucht".

„Auch einmal die Klappe halten"

Die Fähigkeit, nicht alles immer zerreden zu müssen, sei in jedem Fall ein wichtiger Tipp, so der deutsche Psychotherapeut Arno Retzer, um Beziehungen nicht zu übermäßig zu psychologisieren: „Auch einmal die Klappe halten und aufs Meer schauen, denn besonders in der gebildeten Mittelschicht wird mit den sogenannten Grundsatzgesprächen gerne alles zu Tode diagnostiziert."

Auch Heidi Kastner hält wenig von endlosen Beziehungsdebatten, das gelte auch für therapeutische Settings: „Schon Goethe sagte: ‚Getretener Quark wird breit, nicht stark.'" Den so inflationär gebrauchten Begriff der Beziehungsarbeit mit ihren endlosen Grundsatzgesprächen sollten in Turbulenzen geratene Partner vor allem bei sich selbst anwenden: „Jeder Mensch müsste sich mit Fragen wie diesen konfrontieren:

Muss ich toleranter sein? Haben meine Vorwürfe an sie/ihn vor allem mit meiner eigenen Unzufriedenheit zu tun? Sind meine Ansprüche überhaupt realistisch?"

Paartherapien werden, nach Ansicht der auf Beziehungen spezialisierten Therapeuten, in der Regel viel zu spät angegangen, deswegen gibt es neuerdings sogar schon den Trend, noch in der Wonne-und-Eierkuchen-Stimmung einen therapeutischen Begleiter zu konsultieren. Alle Fachleute sind sich einig, dass in jedem Fall durch Früherkennung der Beziehungskrise der Behandlungszeitraum wesentlich kürzer und die Erfolgsaussichten um ein Vielfaches höher sind als dann, wenn erst nach dem Eintreten der Katastrophe ein Therapeut konsultiert wird. Präventivarbeit lohnt sich auch finanziell: Paartherapiestunden, zumindest 90 Minuten lang, kosten im Schnitt zwischen 150 und 240 Euro. Bei heftigen Turbulenzen sollten sie ein- bis zweimal wöchentlich stattfinden, bei niederem Wellengang reicht eine Sitzung in sechswöchigen Abständen. Ob eine Beziehung nach abgeschlossener Therapie wieder „unbeaufsichtigt" funktionieren kann, lässt sich nach den Erfahrungswerten des amerikanischen Eheforschers John Gottman nach neun Monaten feststellen.

„Wenn alles bereits im Eimer ist, bringt Paartherapie gar nichts mehr", so Heidi Kastner. Eine Ansicht, die die Ärztin und Paartherapeutin Claudia Wille teilt: „Wenn ein Partner sich bereits innerlich verabschiedet hat, aber noch nicht den Mut gefunden hat, die Trennung innerlich auszusprechen, tritt man auf der Stelle. Als Therapeut findet man eine solche innerliche Kündigung aber meist schnell heraus." Wenn nicht einmal mehr gestritten wird, sieht Wille schwarz „für einen konstruktiven Neuanfang". „Dass die Fetzen noch fliegen", so auch die Schweizer Buchautorin und Psychotherapeutin Julia Onken, „ist für mich ein untrügliches Zeichen, dass die Schlacht noch zu gewinnen ist."

Die professionell betreute Überpsychologisierung von Liebesbeziehungen kann auch äußerst strapaziös für die Beteiligten werden, genervt davon seien vor allem Männer. „Unsere Beziehung ist regelrecht zu einem Selbsterfahrungsschuppen versauert“, erzählt ein Journalist, „in dem sogar die Art der Mülltrennung auf ihr ödipales Konfliktpotenzial abgeklopft wurde. Irgendwann hat es dann gereicht und wir sind wieder alleine auf Schiene gekommen.“

Eine Wiener Künstlerin schildert den Beziehungsrettungs-Psychomarathon so: „Mein Freund und ich haben von der Verhaltenstherapie bis zur Familienaufstellung kaum etwas nicht ausprobiert. Am Ende war ich nur mehr entnervt. Ich wollte einfach nicht mehr dafür bezahlen, dass mein Partner mich versteht. Ich empfand die Paartherapie als offiziellen Totenschein unserer Liebe. Wir haben unsere Beziehung dann im Alleingang gerettet.“

Wie kann so eine Paartherapie in der Praxis aussehen? Ich durfte einer solchen Session beiwohnen:

Sie: „Wie würdest du denn unser aktuelles Verhältnis definieren?“

Er: „Warum brauchst du immer für alles einen Namen?“

Sie: „Das hat einen Namen, nämlich Ehe. Aber eigentlich brauche ich keinen Ehemann, der nie da ist. Dann nehm ich mir lieber einen Liebhaber. Kein Stress, kein Alltag ... ich bin durchaus in der Lage, allein zu leben.“

Er: „Ich halte deine Hysterie nicht mehr aus. Du gehst überhaupt nicht auf meine Bedürfnisse ein.“

Sie: „Hast du mich je schon nach meinen Bedürfnissen gefragt, ha? Die interessieren dich doch überhaupt nicht.“

Ein Paar, das nach dreieinhalb Ehejahren seine Endlosrunden im Karussell der gegenseitigen Abwertungen und Verletzungen dreht. Das Ende der Symbiose, die Sigmund Freud launig als „Sexualüberschätzung eines Partners“ definierte, setzte in diesem Fall ein, als der Patchwork-Familienalltag durch Kinder aus früheren Partnerschaften die noch so frische Beziehung unter Dauerstress setzte.

Die Hitparade der Störfaktoren

Für die Medizinerin und Psychotherapeutin Claudia Wille, die in ihrer Praxis in Wien in den letzten Jahren einen kräftigen Zuwachs an paartherapeutischen Behandlungen registrierte, gehört diese Situation zum Berufsalltag. Wie sind die geschlechtsspezifischen Zugänge zur Paartherapie?

„Frauen", so Claudia Wille, „definieren sich trotz ihrer wachsenden finanziellen Unabhängigkeit noch immer mehr durch ihre Beziehungen als Männer. Sie initiieren auch noch immer zu zwei Dritteln den Gang zur Therapie. Allerdings verfügen sie auch über eine viel höhere und schnellere Bereitschaft, sich aus einer Beziehung, die nicht ihren Wünschen und Bedürfnissen entspricht, wieder zu lösen."

Männer raffen sich vor allem dann zum professionellen Beziehungsconsulting auf, wenn das Sexualleben zum Problem geworden ist. Für Frauen, die weit häufiger mit einem Früherkennungssensorium ausgestattet sind, reicht meist schon das Erlahmen der männlichen Kommunikationsbereitschaft. „Nie hörst du mir zu", ist der häufigste weibliche Vorwurf beim therapeutischen Beziehungsservice. „Immer nörgelst du nur an mir herum", führt die Bemängelungsskala der Männer an.

Der Schweizer Psychoanalytiker Jürg Willi, dessen Buch „Psychologie der Liebe" als internationales Standardwerk gilt, spitzt nach über 40 Jahren Erfahrung die Mann-Frau-Schieflage polemisch zu: „Männer reden mit Frauen, weil sie mit ihnen schlafen wollen; Frauen schlafen mit Männern, weil sie mit ihnen reden wollen. In der zweiten Lebenshälfte dreht sich das Prinzip jedoch wieder um." Generell bemängelten Frauen, so Willi, an ihren Männern am häufigsten „Unaufmerksamkeit, Egozentrik, verbale Verstocktheit und Faulheit im Haushalt", während die Männer „Nörgelei, überbordende Emotionalität, Kontrollsucht und Vereinnahmung" als irritierendste Störfaktoren bei ihren Partnerinnen angaben.

Und was kann so eine Paartherapie tatsächlich? Der Psychoanalytiker Jürg Willi konstatierte bei 400 Probanden eine Erfolgsrate von 40 Prozent. „Es wäre aber ein großer Denkfehler zu glauben, dass durch Therapie Ängste, Leiden und Probleme beseitigt werden können", warnt die Münchner Psychotherapeutin und Autorin Gesa Wunderlich („Grenzen der Psychotherapie"): „Das kann die Therapie nicht leisten. Sie kann aber zeigen, wie man damit umgeht."

Die wichtigste Voraussetzung für eine effiziente Paartherapie ist, dass beide Partner vom Willen zur Veränderung beseelt sind und sie nicht nur aus Höflichkeit und um des lieben Hausegens willen in Anspruch nehmen. Sonst könnte man ebensogut Geldscheine verbrennen. Ins Leere führt auch der Glaube, „bei Paarsitzungen handle es sich um Sportveranstaltungen, wo der Therapeut in der Rolle des Schiedsrichters zur Punktevergabe schreitet", so die Buchautorin und deutsche Paarspezialistin Julia Onken.

„Schuldzuweisungen bringen gar nichts", bestätigt Wissenschaftsjournalist Wolfgang W. die These aus der Sicht des Klienten. „Man darf den Partner nicht für das Nicht-Ausleben seiner eigenen Bedürfnisse verantwortlich machen, sondern muss dafür bei sich selbst beginnen."

„Reparieren Sie mir das da!"

Als therapeutisches Eigentor entpuppt sich auch der vor allem unter Frauen verbreitete Irrglaube, dass der Psychotherapeut den störrischen Partner schon nach den weiblichen Vorstellungen zurechtbiegen werde. „Da kippen mir dann gefrustete Frauen, die ihren Mann eben nicht so hingekriegt haben, wie sie sich das vorgenommen haben, den Typ in den Sessel und rufen: ‚Reparieren Sie mir bitte das da!' Das geht dann natürlich überhaupt nicht", erzählt die Münchner Therapeutin Eleonore Höfner, die nach der provokativen Methode arbeitet.

Fortschritte sind nur zu erzielen, wenn die krisengeschüttelten Parteien ihre Unterschiedlichkeiten akzeptieren und die Kränkungen, die die Krise ins Rollen gebracht haben, auch beim Namen zu nennen lernen. Die Banalität der Verletzungen grenzt für Außenstehende oft ans Absurde. „Das kann oft wirklich so was wie das ständig offene Schlafzimmerfenster oder die schief zugeschraubte Zahnpastatube sein, die Paare – und das ist dann überhaupt keine Frage von Intelligenz – in die sich ewig wiederholenden Konfliktmuster bringen“, erklärt Julia Onken.

Um das Geheimnis glücklicher Ehen zu erforschen, untersuchte der US-Soziologe John Gottman über 20 Jahre lang Tausende Paare in seinem Love Lab in Seattle. Die wissenschaftliche Beobachtung der Probanden, die über Wochen auf Gestik, Mimik, Puls- und Atemfrequenz untersucht wurden, ergab, dass nur streitende Paare eine dauerhaft lebendige Beziehung praktizierten. „In den meisten Ehen gibt es zwar keine Flammen mehr“, so Gottman zu „profil“, „aber die Glut ist wenigstens noch warm. Ist die Asche einmal kalt, kann man aus therapeutischer Sicht für die Beziehung nur mehr wenig tun.“

Oft erwecken solche Paare, in denen die Asche erkaltet ist, vordergründig den Anschein von Harmonie, künstlerisch dokumentiert zum Beispiel in Ingmar Bergmans cineastischem Paarseminar „Szenen einer Ehe“ (1973). Dort leiden Liv Ullmann und Erland Josephson vor allem darunter, „dass wir keine Probleme haben und dass das gänzliche Fehlen von Problemen das größte Problem sein kann“.

Man kennt solche We-People aus dem eigenen Bekanntenkreis: „Wir essen sehr gerne nicht zu spät“; „Wir haben kürzlich das Radfahren entdeckt, das machen wir sehr gerne“; „Gehen wir lieber hinein, wir verkühlen uns nämlich sehr leicht“. Bei diesen symbiotischen Paaren scheint das Wort „Ich“ aus dem Vokabular gestrichen worden zu sein, sie existieren nur mehr im Tandem. Für Außenstehende, vor allem Singles, sind We-people oft ein Gräuel. Für die Therapeutin Julia Onken kommen diese Paare „mumifizierten Partnerseelen“ gleich, die hinsichtlich ihrer eigenen Bedürfnisse alle Empfindungen verloren haben. Die forensische Psychiaterin Heidi Kastner attestiert jedoch auch solchen Konstellationen Chancen: „Da werden Verschmelzungsfantasien ausgelebt. Wenn sich zwei derartige Partner finden, haben beide meist ein geringes Selbstwertgefühl und sind von dem Gefühl ‚allein bin ich nichts‘ unterfüttert. Solche Symbiosen können durchaus funktionieren.“ Wie glücklich sie machen, bleibt offen.

Die Voraussetzung für jede Form von Liebesfähigkeit, das war schon Sigmund Freuds felsenfeste Überzeugung, ist die Selbstliebe. Jemand, der keinen Selbstwert und keine Beziehung zu sich selbst entwickelt hat, wird auch nicht in der Lage sein, mit jemand anderem eine befriedigende Beziehung zu führen.

Die ewige Suche nach der Mutter

Björn Süfke kritisiert an den Frauen seiner Klienten, dass „viele von ihnen ihren Partnern zu wenig zutrauen und sie wie Kinder behandeln“. Diese Art von Mutter-Kind-Beziehungen im erwachsenen Beziehungsleben habe ich auch schon häufig beobachtet. In diesen Formationen ist die weibliche Hälfte das Sprachrohr, während der Mann dabei oft zur – nur von affirmativem Nicken unterbrochenen – Schweigsamkeit neigt. Die Rollenverteilung ist in solchen Beziehungen klar: Die Frau übernimmt den Part der fürsorglichen, alles unter Kontrolle habenden Mutter, während der Mann es sich in der Rolle des zu versorgenden und entsprechend hilflosen Kindes gemütlich macht. Das Phänomen ist im weiten Land der Liebe nicht neu, wird aber zunehmend zum Untersuchungsgegenstand von Paartherapeuten, Psychologen und Psychiatern.

Dass Männer, besonders in fortgeschrittenem Alter und mit einer entsprechend enttäuschenden Beziehungsbiografie, bei ihrer Partnerwahl vorzugsweise zum „Mutti-Typ“ greifen, weiß die TV-Kupplerin Elizabeth T. Spira aus ihrer jahrzehntelangen Vermittler-Erfahrung bei ihrer Sendung „Liebesg’schichten und Heiratssachen“: „Männer sind anfällig für mütterliche Frauen, die ihnen gern einen Gugelhupf backen und ein Papperl kochen. Viele Männer melden sich ja auch erst dann, wenn die eigene Mutter gestorben ist. Oft haben sie ja auch noch bei der gewohnt.“ Doch nicht nur in die Jahre gekommene und entsprechend schwer vermittelbare Muttersöhne werden von derartigen Umsorgungsfantasien beflügelt.

In einem Essay mit dem Titel „Why Men Are Boys and Wives Are Their Mothers“ in der US-Fachzeitschrift „Psychology Today“ erzählt der amerikanische Beziehungstherapeut William Berry, dass er solche Konstellationen in seinem Praxisalltag immer häufiger beobachte: „Viele Paare rutschen in diese Falle, ohne dass es ihnen tatsächlich bewusst wird. Schuldzuweisungen machen keinen Sinn, aber beide müssen sich bewusst sein, dass dieses Mutter-Kind-Muster einer Beziehung erheblichen Schaden zufügen kann.“ Vor allem die Sexualität bleibe auf Dauer auf der Strecke.

Die Initialzündung für den Eintritt in eine solche Beziehungstypologie wird oft durch Familienzuwachs gesetzt. Frauen zeigen dann oft die Tendenz, wie die US-Paartherapeutin Mary Jo Rapini in ihrem Blog „Mothering your man“ schreibt, „ihren Ehemann wie ein zusätzliches Kind zu behandeln, mit ihm im gleichen Duktus wie mit den Kindern zu kommunizieren und ihn dann auch im Bett wie ein Kind, das Aufmerksamkeit braucht, zu empfinden. Das tötet das Begehren auf beiden Seiten.“

Frauen, die ihren Männern die Koffer packen, die Flugtickets buchen, ihre Arzttermine vereinbaren oder jede Mahlzeit vorbereiten, falls sie selbst einmal außer Haus sind, bereiten so ein Umfeld, in dem die Männer „die erworbene Hilflosigkeit“ (so die US-Beziehungstherapeutin Jeanette Block) ungestraft ausleben können. Mit einem perfiden Hintergedanken: Denn schließlich festige ein Partner im Rollenfach „ewiges Kind“ auch dessen Abhängigkeit und damit die Machtstellung der Mutter-Frau.

Der Frauentypus, der solche Beziehungsmuster lebt, leidet häufig am sogenannten Helfersyndrom, ein Begriff, den der deutsche Paartherapeut und Autor Wolfgang Schmidbauer Mitte der 1970er-Jahre prägte. Der Samen für ein solches Verhalten wird, wie bei vielen Neurosen, in der Kindheit gesät: Menschen, die schon früh gelernt haben, ihren Selbstwert von der Anerkennung anderer abhängig zu machen und von ihren Eltern nur für Leistungen wertgeschätzt zu werden, entwickeln häufig dieses Syndrom – sie machen sich für ihr Gegenüber bis zur Selbstaufgabe unentbehrlich. „Frauen sind für solche Verhaltensmuster sicher anfälliger“, so die Wiener Paartherapeutin Claudia Wille, „weil sie von klein auf dazu erzogen werden, zu helfen.“

Der Schritt zum pathologischen Verhalten ist dann in manchen Fällen nur ein kleiner: Betroffene suchen sich hilfsbedürftige Partner und hängen oft über Jahre in unglücklichen und vergifteten Beziehungen, weil sie der Meinung sind, nur sie wären in der Lage, diesen Menschen zu ändern, zu retten oder zu „heilen“. In der Psychologie wird dieses Phänomen auch als „Co-Abhängigkeit“ bezeichnet. Claudia Wille beobachtet in ihrem Praxisalltag immer wieder, dass „scheinbar starke, erfolgreiche Frauen sich einen Mann mit einer depressiven Persönlichkeit suchen, der auch an einer Suchtproblematik leidet“. Ist der Mann beispielsweise Alkoholiker, neigt die Frau dann ebenso zum latenten Alkoholismus. All das laufe unbewusst ab, denn natürlich befinde sie sich „im fixen Glauben, alles Menschenmögliche zu seiner Gesundung zu unternehmen“. In dem Moment, in dem der schwache Partner zur Selbsthilfe schreitet und womöglich auch noch gesund wird, bricht das Konstrukt zusammen.

Dass das Mutter-Sohn-Verhältnis für dessen späteres Beziehungsleben so prägend wie nichts anderes ist, bleibt auch ein Jahrhundert nach Freud unbestritten. Prinzipiell verlangen Frauen von ihren Töchtern mehr als von ihren Söhnen. „Die Empirie bestätigt das", erklärt die französische Psychoanalytikerin Christiane Olivier in ihrem Buch „Jokastes Kinder", „weibliche Kinder werden in der Regel früher abgestillt, sie werden früher den Reinlichkeitsdressuren unterworfen und lernen früher sprechen." Mütter würden auch, so der Jugendforscher Bernhard Heinzlmaier, „ihre Söhne weit mehr verwöhnen, manche erziehen sie auch zu regelrechten Trotteln und machen völlige Egomanen aus ihnen." Bei Alleinerzieherinnen könne man auch beobachten, dass sie ihren Sohn oft als Partnerersatz und Mann im Haus missinterpretieren.

Dass diese Söhne als Erwachsene bei jenen Frauen Zuflucht suchen, die dieses Verwöhnprogramm weiterführen und muttergleich ihren Partner adorieren, entbehrt dann nicht einer gewissen Logik. „Er ist ein Genie, ein Schriftsteller und ein Philosoph", ließ die heute 63-jährige, achtfache Großmutter Brigitte Macron wissen, als sie nach den Vorzügen ihres (um 24 Jahre jüngeren) Emmanuels gefragt wurde. Wenn sie heute an seiner Seite als Frankreichs „première dame" über die roten Teppiche dieser Welt stöckelt, wird man noch immer nicht den absurden Eindruck los, dass Frankreichs mächtigster Mann ein Primaner ist, der von seiner ehrgeizigen Lehrerin zu Höchstleistungen angetrieben und manchmal dabei auch gemaßregelt wird.

Die Angst der Narzissten

„Neurotiker wittern einander", schrieb der Dichter Arthur Schnitzler. Und oft können sich solche Neurosen, selbst wenn sie ins Pathologische tendieren, auch optimal miteinander verschränken. „Der ideale Partner für einen Narzissten ist eine Masochistin", so der aus Wien nach New York emigrierte, weltbekannte Psychiater und Narzissmus-Forscher Otto Kernberg im „profil“-Interview. Meistens würden die Frauen letztere Position bekleiden: „In Beziehungsdingen neigen Frauen mehr zu Masochismus als Männer, in der Arbeitswelt ist es umgekehrt.“ Doch, so Otto Kernberg, „auch zwei Narzissten können gut miteinander auskommen, wenn sie in der Kombination für die Außenwelt ihren Marktwert steigern und jeder für sich den anderen als Trophäe empfindet“. Unter Männern seien mehr Narzissten zu finden als unter Frauen, die tendierten eher zu histrionischen Verhaltensmustern, früher lief das unter dem heute politisch inkorrekten Begriff Hysterikerin. Der klassische Narzisst bedarf, um das schwarze Loch seiner verunsicherten Seele zu füllen, ständig der Aufmerksamkeit und Bewunderung. Entzieht ihm das Objekt seiner Begierde diese Form der Zuwendung, zieht er schnell weiter und sucht nach einer Konstellation, die dieses Bedürfnis wieder bedient.

Im Gegensatz zur landläufigen Meinung sind Narzissten zutiefst verunsicherte Menschen, die „durch den Glauben an die eigene Großartigkeit ein schwer gespaltenes Selbst ausgleichen müssen“, so Kernberg. „Der Narzisst ist jemand, der wie ein Vampir Menschen benutzt, um sich selbst stärker zu machen“, diagnostiziert die Paartherapeutin Claudia Wille, „wenn der andere nicht sonderlich auf Liebe aus ist, können diese Beziehungen durchaus von Bestand sein. Ob sie befriedigend sind, ist wieder eine andere Frage.“

Mit viel Sinn für surrealen Witz schuf der schwedische Filmemacher Ruben Östlund in seiner Gesellschaftssatire „The Square“ einem solchen Typ Mann ein cineastisches Denkmal und wurde dafür 2017 in Cannes mit der Goldenen Palme ausgezeichnet. Claes Bang, ein Mann mit dem Aussehen eines Aftershave-Spot-Models für Davidoff, scheint in seiner Rolle als Museumskurator Christian vordergründig einen Sechser in der Lebens-Lotterie gezogen zu haben: Er ist der Typ mit dem Superjob und der Super-Optik in einem diskursangebenden Museum für zeitgenössische Kunst in Stockholm; die Frauen auf den Sponsoren- und Opening-Partys sind ihm gegenüber naturgemäß superoffen. Doch als er zur Selbstjustiz eines Taschendiebs schreitet, der ihm Portemonnaie und Handy entwendet hat, bröckelt die Superfassade sukzessive, und es bleibt ein Mann über, der feig, narzisstisch, verantwortungslos und verwirrt ist. „Merken Sie sich von den Frauen, mit denen Sie geschlafen haben, die Vornamen?“, fragt ihn Elisabeth Moss in der Rolle einer amerikanischen Reporterin. – „Ja doch, natürlich.“ – „Also, wie heiße ich?“ Dem Dialog war eine der komischsten Sex-Szenen der jüngeren Kinogeschichte vorangegangen: Nach dem mechanischen Beischlaf zwischen Super-Christian und der Reporterin entwickelt sich ein Streit, wem danach das gebrauchte Kondom eigentlich gehöre. Der vordergründig so politisch korrekte Christian entreißt es ihr mit aller Gewalt, als ob er das letzte Spurenelement seiner Macht behalten möchte.

Die oberflächliche Diagnose des Typs Christian wäre Sexsucht, ein vor 20 Jahren erstmals in der Lifestyle-Publizistik verhandeltes Phänomen, dessen Existenz wissenschaftlich umstritten ist. Es geht bei diesen Typen nicht darum, dass sie triebgesteuert sind, sondern dass sie mit diesem erratischen Sexual- und auch Beziehungsverhalten ihre innere Leere zu bekämpfen trachten. Sex- oder Beziehungssucht dient wie andere Süchte dazu, irgendetwas in sich abzuwehren und zu unterdrücken. „Durch ihre gefühlsfeindliche Sozialisation ist Männern der Zugang zu ihren Gefühlen sowieso erschwert“, so der deutsche Männertherapeut Björn Süfke, „deswegen sind sie auch weitaus anfälliger für jede Form von Suchtverhalten.“ Denn dadurch könne der Mann „auf – ironisch gesagt – wunderbare Art und Weise Gefühle wie Trauer, Schuld oder eben eine innere Leere abwehren“. Gesellschaftlich anerkannte Suchtmedien wie Sex, Arbeit oder das Internet, die noch dazu leicht zugänglich sind, eignen sich hervorragend dafür, die eigenen Gefühle unterdrückt zu halten.

Drama-Junkies

Ein weit verbreiteter Paar-Typus sind auch die „Drama-Junkies", die nach der Liz-Taylor-und-Richard-Burton-Methode ständig Streit und Konflikte provozieren müssen, um sich lebendig zu fühlen. Nach zwei Hochzeiten und zig Trennungen soll Richard Burton auf seinem Sterbebett, trotz einer neuen Frau an seiner Seite, einen letzten Sehnsuchtsseufzer in Richtung Liz Taylor von sich gegeben haben: „Ich wünschte, die fette Schlampe wäre hier."

Eine Entschleunigung und Überführung in die Normalität bedeutet für solch explosive Konstellationen das sichere Aus. Solche Lieben funktionieren nach dem Sucht-Prinzip; ständig muss die Dosis erhöht werden, um das Prickeln auf Niveau zu halten. Die Grenzen zwischen Tätern und Opfern sind in solchen destruktiven Partnerschaften immer fließend und nicht eindeutig auszumachen. Den Pas-de-feu an der Borderline ließ der inzwischen verstorbene US-Dramatiker Edward Albee seine Bühnenfiguren Martha und George im zum Ehehöllen-Klassiker avancierten Drama „Wer hat Angst vor Virginia Woolf?" tanzen. „Ich werde dich in Stücke reißen", brüllt da George seiner alkoholkranken Frau zu, die ihm antwortet: „Dafür fehlen dir die Eier, Schätzchen!"

Meist sind solche Beziehungsneurotiker in der Phase des Machtkampfs stecken geblieben – eine Periode, die jede Beziehung nach den Phasen der Verliebtheit und der darauffolgenden Entmystifizierung des Gegenübers durchläuft. „Normal neurotische" Paare, so die Psychotherapeutin Claudia Wille, schaffen nach dem Machtkampf und dem damit verbundenen Wechselspiel zwischen Dominanz und Unterwerfung den Weg über die „Rückbesinnung auf sich selbst" zu einer „reifen Liebesbeziehung". Das wäre der Idealfall. Doch der Idealfall ist nicht die Regel. Eine Umfrage des deutschen Gewis-Instituts im Auftrag einer Frauenzeitschrift ergab, dass fast ein Drittel der befragten Frauen und Männer schon einmal Psychoterror in ihrer Beziehung erlebt haben. Knapp 20 Prozent davon gaben an, dass ihnen ihre aktuelle Beziehung Stress verursache und Lebensenergie raube. Die Psychologen Sonja Nufer und Hans Christian Schrader, Autoren des Buches „Wenn Liebe zum Desaster wird", gehen sogar davon aus, dass „Mobbing-Szenarien" in 80 Prozent der Partnerschaften an der Tagesordnung sind. Dass der ursprünglich in der Arbeitswelt angesiedelte Begriff des Mobbings – was mit „anpöbeln" und „über jemanden herfallen" zu übersetzen ist – in der neueren Psychologie auf Beziehungswelten transponiert wird, liegt daran, dass „die Mechanismen da wie dort sehr ähnlich sind", so der deutsche Paarspezialist Wolfgang Schmidbauer: „Die Beteiligten sind meist stark voneinander abhängig und deswegen auch sehr verletzbar." Auch die psychosomatischen Begleiterscheinungen unterscheiden sich nicht. Dauerhaft seelischer Gewalt in Beziehungen ausgesetzt zu sein, zieht ein erhöhtes Herzinfarktrisiko, Bandscheibenvorfälle, Migräne, Schlafstörungen und Depressionen nach sich. „Diese Art von Dauerstress", erklärt Mobbing-Forscher Schrader, „produziert Hormone, die den Körper sukzessive vergiften. Das kippt dann in die Krankheit und kann bis zum Krebs führen."

Vergiftete Liebe

Die Weichen für das spätere „Krankheitstheater" (Thomas Bernhard) in Beziehungen werden in der frühen Biografie gelegt. Unbewusst werden in partnerschaftlichen Mobbing-Szenarien die Defizite der Kindheit nachgelebt. Häufigste Konstellation: Der Partner sucht sich ein Gegenüber, das dem gegengeschlechtlichen Elternteil, inklusive der damit verbundenen Kränkungen, am ehesten entspricht. Töchter, deren Vaterbeziehung durch dessen emotionale Abwesenheit geprägt war, werden sich Männer mit einem verhaltenen bis nicht vorhandenen Zuwendungsvermögen aussuchen. Männer, die von dominierenden, sie erdrückenden Müttern großgezogen wurden, werden intuitiv Frauen suchen, die ihnen eine ähnliche Unterdrückungsdynamik zuteilwerden lassen. „Ich musste in meiner Kindheit immer um Beachtung kämpfen“, erzählt ein in psychotherapeutischer Behandlung befindlicher 38-jähriger Büroangestellter aus Wien, „deswegen konnte ich mit einer Frau, die mich liebevoll behandelt, überhaupt nicht umgehen. Und suchte mir zeitlebens solche Partnerinnen, die mir die wohlvertrauten Schmerzen bereiteten.“ In einer Psychotherapie habe er das Prinzip durchschauen gelernt: „Mit dem Erkenntnisstand hat sich der Grad meiner Freiheit schon einmal wesentlich vergrößert. Ob ich es auch in der Praxis umsetzen werde können, weiß ich noch nicht.“

Ohne therapeutischen Beistand in die Selbstreflexion zu gelangen, ist in der Regel nahezu unmöglich. „Mit kindlicher Hoffnung“, so Sonja Nufer, „wird da oft über Jahre in Beziehungshöllen verharrt – weil man immer noch glaubt, irgendwann wird sich der andere noch ändern.“ Die fortgeschrittene Dauer innerhalb einer krankhaften Paarkonstellation erhöhe die „Verstrickungsgefahr“ und reduziere die „Chance zur Entflechtung“.

Häufigstes Anfangsindiz für einen schleichenden Vergiftungsprozess ist ein einsetzendes Ungleichgewicht der Zuwendung. Der amerikanische Psychiater Dean C. Delis („Ich lieb dich nicht, wenn du mich liebst“) nennt dieses Phänomen die „paradoxe Leidenschaft“. Wenn ein von starken Verlustängsten geprägter Mensch, der in seiner Kindheit durch mangelnde Zuwendung traumatisiert wurde, seinen Partner zu „überlieben“ beginnt, indem er ständig Kontrolle über ihn zu erlangen versucht, kommt das Objekt der Liebe automatisch in eine Machtposition. In dem Moment ist der „Überliebte dazu verführt, die Grenzen auszuloten“, so Delis. Die Krankheitsgeschichte einer paradoxen Leidenschaft brachte es zu weltliterarischem Ruhm. Leo Tolstois „Anna Karenina“ beschreibt präzise das Spiel von Macht und Unterwerfung zwischen der verheirateten

Anna und ihrem Liebhaber Oberst Wronskij. In dem Moment, wo die Ehefrau ihre Familie verlässt und für ihre Leidenschaft auch die gesellschaftliche Ächtung in Kauf nimmt, beginnt Wronskij sich ihr emotional zu entziehen.

Im Extremfall ruft die wachsende Angst vor Verlust in einer solchen paradoxen Konstellation krankhafte Eifersucht und Besitzansprüche hervor, die durch die unbewusste Provokation des sich entziehenden Partners am Pulsieren gehalten werden.

Das anfangs „schier überbordende, atemraubende Glück" begann zu kippen, als er „wie besessen mein Handy und meinen Computer nach Botschaften von möglichen Nebenbuhlern zu durchforsten begann", erzählt eine Lehrerin aus Wien von ihrer qualvollen Ehe. In der Folge verbot er ihr den Kontakt mit den alten Freunden und Freundinnen. Und holte sie jeden Tag von der Schule ab, damit sie ja keinen Schritt ohne seine Überwachung tat. „Dann hat mein Mann alle Fotos und Relikte meines früheren Lebens zerstört", erzählt die 32-jährige Frau, die mehrfach versucht hatte, sich zu trennen, was ihr trotz „der endlosen Tränentäler" lange nicht gelungen ist, „so, als ob er mein ganzes Leben ausradieren wollte. Es war die Hölle, aber irgendwie glaubte ich dennoch, dass es sich um Liebe handelte."

Was die an mehreren Therapien Gescheiterte nicht sah: Macht und Kontrollzwang haben nichts mit Liebe zu tun.

„Wo die Liebe herrscht, existiert der Wille nach Macht nicht", schrieb der Begründer der Analytischen Psychologie, Carl Gustav Jung, „und wo die Macht vorrangig ist, da fehlt die Liebe. Das eine ist der Schatten des anderen."

„Das waren doch nur Hilfeschreie“: Männer und Gewalt

„Liebe und Brutalität liegen nahe beieinander.“

Wolf Haas, Schriftsteller

„Und bist du nicht willig, so brauch’ ich Gewalt.“

Johann Wolfgang von Goethe, „Der Erlkönig“

Ich bin mit der am Ende des vorigen Kapitels erwähnten Lehrerin befreundet. Heute lebt sie in einer glücklichen, liebevollen Beziehung. Doch die endgültige Entflechtung aus dem damaligen pathologischen Konstrukt, das mehrere Jahre zurückliegt, hat damals über ein Jahr gedauert. Eines Nachts rief sie mich weinend und panisch an, weil ihr Mann (sie hatte gerade die Scheidung eingereicht) sich gewaltsam Zutritt zu der einst gemeinsamen Wohnung verschafft hatte und sie in Todesangst sei. Ich rief sofort den Frauennotruf an, der innerhalb von 15 Minuten mit einem Team aus Polizisten und Polizistinnen und einer psychologischen Betreuerin vor Ort war. Der Beziehungsterrorist wurde abgeführt und mit einer Wegweisung und einem Betretungsverbot belegt, an das er sich glücklicherweise in Folge auch gehalten hat. „Ich war wirklich überrascht“, erinnert sich die Wienerin, „wie schnell die da waren und wie kompetent und sachlich die Polizei agierte. Die waren auch nach der Wegweisung und der Abnahme der Schlüssel immer wieder bei mir, um zu überprüfen, ob er sich an die Abmachung hielt.“

Tragödien dieser Art haben meist eine lange Vorgeschichte, wie die französische Spezialistin für häusliche Gewalt, Marie-France Hirigoyen („Die Masken der Niedertracht“), in einem Interview erklärt: „Frauen tragen diese Situationen oft lange mit, weil sie es nicht schaffen, sich ihre Situation einzugestehen. Körperliche und seelische Gewalt haben immer den Wunsch nach Dominanz und Kontrolle als Hintergrund."

Warum Frauen oft über Jahre in Prügel-Beziehungen bleiben und sich auch noch schützend vor ihre gewalttätigen Männer stellen, erläutert die Psychoanalytikerin so: „Sie erinnern sich nur an die ersten Schläge. Physische Gewalt funktioniert wie Hirnwäsche. Die Opfer fühlen sich isoliert, kontrolliert, aber auch schuldig. Sie haben Angst und sind sowohl psychisch wie auch häufig ökonomisch abhängig."

Stalking, der unheimliche Schatten

Die Vorstufe für eine physische Gewalteskalation ist bei Ex-Partnern häufig das Phänomen Stalking – in Form von SMS-Terror, Abpassen vor der Wohnung und Rachefeldzügen, indem man die Partnerin bei Vorgesetzten und Freunden zu diffamieren sucht. 90 Prozent aller Stalking-Täter sind Männer, wobei man auch von einer Dunkelziffer bei männlichen Opfern ausgehen muss. Genauso wie bei der Erfahrung von Missbrauch, sexuellen Übergriffen oder häuslicher Gewalt scheuen Männer aus Schamgefühl und Angst vor einem Schwächeeingeständnis weit mehr als Frauen davor zurück, diese Erfahrungen auch zur Anzeige zu bringen.

In Martin Grubers Theaterstück „Die wunderbare Zerstörung des Mannes" erzählt einer der Protagonisten seine authentische Geschichte, wie er in den Würgegriff der Zuneigung einer von ihm zurückgewiesenen Frau („Sie sagte, ich wäre ihr Held auf dem weißen Hengst") geriet und bei der Bitte um polizeiliche Hilfe verspottet wurde: „Und dann hat sie begonnen, mich zu verfolgen. Dann gehe ich zur Polizei und ich sag: ‚Entschuldigung, bitte, ich brauch Hilfe. Eine Frau, also eine Ex von mir, die verfolgt mich. Ich brauch jetzt wirklich Hilfe. Ich hab jetzt wirklich Schiss vor der. Ich hab Angst, dass die irgendwie mit dem Messer dasteht. Und sagt der Polizist zu mir: ‚Jo, geh bitte, stellen Sie sich net so an, seien S' doch froh, wenn Ihnen ein Mädel nachrennt.“ Die wenigsten Männer, die sich von Frauen bedroht fühlen, finden den Mut, ihre Erlebnisse auch zur Anzeige zu bringen. Und ja, natürlich, ist der Großteil der Opfer weiblich (91 Prozent der Anzeigen stammen von Frauen), was aber das Leiden der betroffenen Männer nicht schmälert. „Meine Frau hat begonnen, Sachen nach mir zu werfen“, erzählt ein 46-jähriger Softwaretechniker im Interview. Die Aggressionen steigerten sich, nachdem er ihr erklärt hatte, sich trennen zu wollen. „Zuerst flog da ein Kaffeehäferl, dann der Wäscheständer, später ein Sessel. Am Ellbogen blieb mir eine Narbe“, so Matthias H. „Ich habe aber ihre für mich wirklich furchterregenden Gewaltausbrüche nie zur Anzeige gebracht, denn ich war mir sicher, dass du als Mann nicht ernst genommen wirst.“ Zur Angst, von den Behörden nicht ernst genommen zu werden, kommt jene dazu, im privaten Umfeld als Schwächling und unmännlich stigmatisiert zu werden.

Der beim Stalking charakteristische pathologische Drang zur ständigen Kontaktaufnahme, der sich durch ein Wechselspiel zwischen hysterischen Zuwendungsbekenntnissen und blankem Hass charakterisiert, ist nicht durch Verständnis und die Bitte um Empathie in die Schranken zu weisen. Polizeipsychologen, für die das Bekämpfen von Stalkern inzwischen längst zum Arbeitsalltag gehört, raten von jeglicher Reaktion auf die Rachefeldzüge des verlassenen Partners ab. „Der Versuch, dem Stalker ins Gewissen zu reden, ist ganz falsch. Jeglicher Kontakt zum Täter, jede Art von Verständnis bestärkt ihn nur in seiner Allmachtsfantasie und animiert ihn, fortzusetzen“, erklärte mir bei einer „profil“-Reportage zu diesem Phänomen der Polizeipsychologe Alexander Knoll vom Kriminalpolizeilichen Beratungsdienst. Die Motivation, „die diese unglaublichen Energien ins Rollen bringt“, sei mit „dem Täterwunsch nach Macht und Kontrolle“ zu erklären. Dass die zwischen Liebesbezeugungen und Drohungen pendelnden

Kontaktaufnahmen leicht chronisch werden, hängt damit zusammen, dass Stalking wie jede Suchtkrankheit funktioniert: „Man versucht wie Sisyphos einen Gipfel zu erreichen, der nie zu erreichen ist. Und die ständige Frustration nährt den Vernichtungs- und Zerstörungswillen." Die Dauer der Verfolgung beträgt im Durchschnitt etwa 26 Monate, so das Ergebnis einer Darmstädter Studie zum Phänomen, wobei sich allerdings „eine große Spannweite von einem Monat bis zu 30 Jahren ergibt", so der Studienleiter Jens Hoffmann.

Die Befriedigung einer Allmachtsfantasie ist eine Facette, die den klassischen Stalking-Täter kennzeichnet. Jens Hoffmann, Leiter des deutschen Instituts für Bedrohungsmanagement und Spezialist für Stalking und Amokläufer, die nahezu ausschließlich männlich sind, attestiert im Magazin „Focus" „Stalkern kein eindeutiges Persönlichkeitsbild". Viele seien narzisstisch veranlagt und träten sehr selbstbewusst auf, es gebe aber auch schüchterne, ängstliche, die sehr in sich gekehrt sind. Meist sind die Stalker Ex-Partner, Freunde oder Kollegen, manchmal aber auch völlig Fremde oder Personen, die man nur oberflächlich kennt. Viele Stalker leiden unter Verlustängsten und tun alles, um nicht verlassen zu werden oder um den anderen für sich zu gewinnen. Nur etwa 15 Prozent stalken aus einem Machtgefühl heraus und aus der Freude, sich überlegen zu fühlen, so der Experte. Vor 2006 gab es gesetzlich keine Handhabe gegen solche Kontakt-Terroristen, bevor sie nicht handgreiflich wurden. So konnten sie ihre Opfer ungestört über Jahre quälen. In Österreich gilt seither das sogenannte „Anti-Stalking-Gesetz" im Strafgesetzbuch, das durch den Tatbestand der „beharrlichen Verfolgung" das Opfer von Belästigungen schützt. Von „Stalking" wird gesprochen, wenn ein Täter das Opfer unzumutbar beeinträchtigt und das Verhalten über längere Zeit hindurch fortsetzt. Die möglichen Maßnahmen reichen von Wegweisung über Betretungsverbote bis hin zur Festnahme.

Fehlende Therapieprogramme

Ein schweres Manko haben die Betretungsverbot- und Wegweisungs-Gesetze, die sich auf Stalking ebenso wie auf alle Formen häuslicher Gewalt beziehen, dennoch. Die Täter bleiben nach diesen Sanktionen unbeaufsichtigt und unbetreut. Alexander Haydn, Psychotherapeut der Wiener Männerberatung, wo auch Anti-Gewalt-Trainingsprogramme laufen, glaubt fest daran, dass „Täterarbeit der beste Opferschutz ist": „Wenn wir nicht bei den Männern ansetzen, wird der Fluss, in dem die von ihnen verletzten Frauen und Kinder treiben, nie ein Ende nehmen." „Es ist ein gravierendes Versäumnis im Sinn des präventiven Opferschutzes", klagt auch Maria Rösslhumer, Geschäftsführerin des Vereins Autonome Österreichische Frauenhäuser, „dass diese Täter unbetreut bleiben."

Wie schwierig es für Männer ist, die ihr Verhalten ändern wollen, aber über beschränkte finanzielle Mittel verfügen, in der Provinz Betreuung zu finden, erzählte mir ein 31-jähriger steirischer Bauarbeiter. Andreas, der sich über einen Facebook-Aufruf telefonisch bei mir gemeldet hatte, entschied sich, nach „mehreren derben Auszuckern", nach denen ihn seine Freundin dann endgültig verlassen hatte, Hilfe zu suchen: „So konnte das nicht mehr weitergehen, ich wollte nicht, dass alle Angst vor mir haben." Nach „recht mühsamen Recherchen" wurde er in der Männerberatung in Graz fündig: „Das ist die einzige Institution in der Steiermark, die gerade einmal acht Therapieplätze zu vergeben hat, dabei bräuchten wahrscheinlich 8000 steirische Männer Hilfe in der Richtung." Die Therapie hat jedoch sein Leben gerettet: „Man übt dort wie beim Autofahren sein Verhalten. Und irgendwann gehen diese Übungsvorgaben wie automatisch in dein Leben über." Andreas kritisiert das, was auch Experten monieren: „Ich hatte meine ersten Gewalterfahrungen als Jugendlicher mit Schlägereien. Hätte man mir damals schon so eine Möglichkeit angeboten, meine Aggressionen umzuleiten, wäre viel verhindert worden. Denn niemand kann mir erzählen, dass Männer, die beim Fortgehen zuschlagen, es nicht auch zu Hause tun. Ich passte ja auch genau in dieses Schema."

Ein verpflichtendes Therapieprogramm für Männer, über die eine Wegweisung oder ein Betretungsverbot verhängt wurde, existiert nicht, außer es handelt sich um Bewährungsauflagen nach einer Haftentlassung. Der Verein Wiener Männerberatung bietet beispielsweise Antigewalt-Trainingseinheiten an. In dem Training werden Deeskalationsstrategien geübt, und es werden Möglichkeiten gesucht, Beziehungen anders zu leben. Das geschehe „immer in Kooperation mit der Opferschutzeinrichtung. Nur so können wir die Sicht der Frau kennen, die uns auch Aufschlüsse über die Entwicklung des Mannes gibt", so Jonni Brem, Vorsitzender der Institution. Das Angebot, das auf Freiwilligkeit basiert, wird von weggewiesenen Männern nur minimal in Anspruch genommen: Gerade einmal 2,5 bis 3 Prozent aller in Wien so sanktionierten Männer nehmen an solchen Trainingsstunden teil. In den Bundesländern wird der Prozentsatz aus Mangel an entsprechenden Angeboten und aufgrund längerer Anreisezeiten mit Sicherheit noch geringer ausfallen.

Archaische Männerbilder

Der gefährlichste Aufenthaltsort für Frauen und Kinder ist nach wie vor die Partnerschaft bzw. die Familie: Bei über 60 Prozent aller im Jahr 2017 registrierten Gewaltdelikte standen Täter und Opfer in einer Beziehung zueinander. Das Geschlechterverhältnis aller angezeigten Körperverletzungen (das inkludiert auch jene im nicht häuslichen Bereich) wirft jedoch kein gutes Licht auf die Männer: Sie sind für 90 Prozent der Gewalttaten verantwortlich.

Verprügelte Ehefrauen sind kein Unterschichtphänomen. „Es ist keine Bildungs-, Herkunfts- oder Schichtfrage", erklärt

Martina Sommer, Chefin des Wiener 24-Stunden-Notrufs, wo jährlich 9500 telefonische und 100 persönliche Beratungen durchgeführt werden: „Im Gemeindebau sind die Wände halt dünner als in der Villa in Döbling – da kommen solche Vorfälle schneller ans Tageslicht. Bei unserem Notruf konnte ich in letzter Zeit aber einen starken Anstieg von Akademikerinnen und gut ausgebildeten Frauen registrieren."

Es ist ein politisch heikles Terrain, aber eine Tatsache, dass Männer mit Migrationshintergrund einen hohen Anteil der Gewaltdelinquenten ausmachen. Günther Mörwald, Leiter der Justizanstalt St. Pölten, schätzt diesen Anteil bei seinen Häftlingen „auf 70 bis 80 Prozent": „Häusliche Gewalt entsteht ja häufig auch aus einem Ohnmachtsgefühl. Und viele dieser Täter kämpfen mit Sprachschwierigkeiten, die sie hilflos und dann eben auch dementsprechend aggressiv machen." Jonni Brem vom Verein Männerberatung versucht eine Differenzierung: „Letztendlich ist, wenn ein Mann zum Täter wird, immer eine Summe von Faktoren verantwortlich: Woher der Mann stammt, wie er zu dem Mann geworden ist, der er heute ist, wie die finanzielle Situation, die Wohnungssituation, die psychische Situation aussehen." Dass archaische Männerbilder ein wichtiger Faktor sein können, bestätigt Brems Erfahrung freilich schon: „Natürlich hat das einen massiven Einfluss. Aber auch ein christlich-religiöser Mann mit ländlicher Sozialisierung kann zu übersteigerten Kontrollbedürfnissen kommen."

Die Statistik-Erhebung der Wiener Interventionsstelle gegen häusliche Gewalt ergab ein Jahr vor der großen Fluchtbewegung im Jahr 2014 insgesamt 3372 polizeiliche Betretungsverbote und 5859 Gefährder – also Auslöser für behördliche Interventionen. In diesem Zeitraum waren 54,4 Prozent der Gefährder österreichische Staatsbürger, 11,4 Prozent EU-Bürger und 33,5 Prozent andere Staatsangehörige. Im Vergleich mit der Gesamtbevölkerung (der Ausländeranteil in Wien liegt bei 24 Prozent) sind Nicht-Österreicher damit in der Gefährderstatistik deutlich überrepräsentiert. Die Interventionsstelle formuliert dazu vorsichtig: „Es könnte sein, dass manche Gefährder aus stark patriarchalen sozialen Strukturen kommen und daher öfter Gewalt ausüben. Möglich wäre aber auch, dass es einen Bias bei den Behörden oder der Bevölkerung gibt und dass polizeiliche oder strafrechtliche Maßnahmen öfter zur Anwendung kommen als bei der einheimischen Bevölkerung." Im „Standard" erklärte 2017 Birgit Thaler-Haag, Leiterin eines Salzburger Frauenhauses und Vorstand aller autonomen Frauenhäuser, dass bei den in Gewaltzentren erhobenen Betretungsverboten die Zahl der ausländischen Täter der der heimischen Bevölkerung entspreche. Neben den Sprachschwierigkeiten verstärken prekäre Arbeitsverhältnisse und der Kampf um Aufenthaltsbewilligungen den Existenzstress. In den archaischen Männerkonzepten gelten außerdem rebellierende Frauen als intolerabler Angriff auf das männliche Ehrgefühl. Für den Erhebungszeitraum 2017 registrierte die Wiener Interventionsstelle für häusliche Gewalt unter den Gefährdern einen Anteil von 49 Prozent österreichischer Staatsbürger, 12,8 Prozent stammten aus dem EU-Raum und EWR-Staaten, 38 Prozent kamen aus anderen Ländern. Die Skala ausländischer Gefährder wurde von 608 Serben angeführt, gefolgt von der Türkei und Polen. Von jenen Ländern, aus denen seit 2015 verstärkt Asylwerber kamen, rangierte in der Gefährderskala Afghanistan auf dem vierten und Syrien auf dem sechsten Platz.

Auf der Opferseite spielt die Herkunft auch eine verstärkende Rolle: Migrantinnen zögern die Entscheidung, Hilfe in Anspruch zu nehmen oder Gewalteinwirkungen zur Anzeige zu bringen, länger hinaus. Sprachbarrieren, ein anachronistisches Gehorsams- und Unterwerfungsmodell und die Angst, mit dem Mann auch das Recht auf Aufenthalt zu verlieren, sind oft ein entscheidender Faktor. Als ich mithilfe einer Dolmetscherin Interviews mit türkischen Frauen führte, die im Zuge des Hilfsprojekts „Nachbarinnen" erstmals, oft nach Jahrzehnten in Österreich, ihre selbst geschaffenen Ghettos verlassen konnten (viele sprachen auch nach Jahren in Österreich kaum Deutsch), wurde mir klar, dass Integration in dieser Art von Isolation kaum möglich ist. Viele dieser Frauen kauften in türkischen Supermärkten ein, sahen ausschließlich türkisches Fernsehen und bewegten sich nie bis kaum aus ihren Wohnvierteln hinaus. Drei meiner Interviewpartnerinnen, die geschieden waren, erzählten, dass dieser Entscheidung, mit der ihre Männer nicht zurechtkamen, Jahre voller Tränen, Hass und auch Prügel vorausgegangen waren.

Eskalierende Stimmungen

„Ich wollte doch einfach nur, dass alles klappt", erzählt Milan, ein 42-jähriger Familienvater aus Serbien, der sehr verzweifelt wirkt, als ich ihn in einem Kaffeehaus treffe. Nach zwei Monaten Haft wurde er auf Bewährung entlassen und hatte zur Auflage, mit einem Anti-Gewalt-Training zu beginnen: „Aber ich weiß nicht mehr, wie. Ich habe kein Geld, mein Visum wird nicht verlängert. Meine Kinder müssen essen, ich muss schwarzarbeiten." Die Stimmung „eskalierte", als sich bei ihm der Verdacht erhärtete, dass „meine Frau mich mit ihrem Chef betrügt". Nach einer Wegweisung und der Haft darf er jetzt wieder zu Hause bei seiner elf Jahre jüngeren Frau und den zwei gemeinsamen Kindern wohnen: „Ich wollte meine Frau nie schlagen. Aber sie hat mich zuerst auf mein kaputtes Ohr gehaut, da ist ein Blitz aus Schmerzen gekommen, da habe ich ihr dann die Watsche gegeben. Es war nur ein einziges Mal." Nach einer Pause stellt er fest: „Ich habe keine Arbeit, die Frau ist depressiv, aber geht nicht in Behandlung, kein Visum, kein Geld – ich weiß nicht mehr, wie ich weiter soll." Seit 1992 lebt Milan in Österreich, an eine Rückkehr nach Serbien ist für ihn nicht zu denken: „Hier ist meine Heimat, dort habe ich nichts mehr. Meine Kinder wurden hier geboren. Ich möchte doch nur Familie haben." Woher er den Kostenbeitrag für das Anti-

Gewalt-Training nächste Woche nehmen wird, weiß er noch nicht: „Ich gehe dort trotzdem hin. Ich will es gutmachen."

Von Überforderung, der oft die Luft abschnürenden Last, die Familie zu erhalten, und den Härten des Arbeitsmarkts, der für schlecht ausgebildete Männer wenig zu bieten hat, war in all unseren Gesprächen mit Gewalttätern die Rede.

„Not loyal to her dude"

Welche verheerenden Auswirkungen das Fehlen einer Betreuung nach einer Wegweisung haben kann, erlebte die Grazer Bevölkerung im Frühsommer 2015. Denn manche Männer führen, wenn sie der direkten Auslöser ihrer Kränkung, also im Regelfall der sich ihnen entziehenden Partnerin mit den Kindern, nicht mehr habhaft werden können, Stellvertreterkriege mit katastrophalen Konsequenzen. Am 20. Juni 2015 raste der damals 26-jährige Alan R. mit einem grünen SUV durch die Grazer Innenstadt; dabei riss er drei Menschen, darunter einen kleinen Buben, in den Tod und verletzte über hundert Menschen teilweise schwer. Drei Wochen zuvor war der zweifache Vater, der inzwischen eine lebenslange Haftstrafe verbüßt, wegen häuslicher Gewalt zum wiederholten Mal aus dem Familienhaus weggewiesen worden. Seine Frau hatte inzwischen mit den Kindern Zuflucht in einem Frauenhaus gefunden. Bei den damals unzähligen Medienberichten blieb mir ein Bild von hohem Symbolgehalt besonders in Erinnerung. Der Kameramann der ZiB zeigte nach der Katastrophe das verwaiste gelbe Wohnhaus der Familie bei Graz und zoomte auf den Kinderwagen, der im Windfang stand: ein königsblaues, nagelneues und hochpreisiges Modell. Wahrscheinlich fand Alan R., dass er eigentlich alles richtig gemacht und für seine Familie immer nur das Beste gewollt hatte. Und dass seine Frau das nicht einzusehen imstande war, hatte ihn sehr, sehr wütend gemacht.

Von Trotz, Wut und verletztem Stolz erzählt auch das Musikvideo, das der Kraftwagenfahrer, der im Alter von vier Jahren während des Bosnien-Kriegs nach Österreich gekommen war, ein paar Stunden vor der Tat auf seinem Facebook-Profil postete. In „Beat it“ klagt der Rapper Sean Kingston über das Scheitern einer Beziehung, in der die Ex „not loyal to her dude“ war, also sinngemäß Verrat an ihrem Kerl begangen hatte. „Es handelt sich um eine Psychose mit Ausgang im Familienleben“, hatte der steirische Landespolizeidirektor Josef Klamminger bei der ersten Pressekonferenz nach der Amokfahrt erklärt. Der Mann habe offenbar „nach einer Wegweisung durchgedreht“.

Psychiatrische Gutachter kennen den „Ich bin durchgedreht“-Satz als Rechtfertigung für Mord, Totschlag, Körperverletzungen und sexuelle Übergriffe zur Genüge. Ebenso oft bekommen sie Phrasen wie „da war ich nicht bei Sinnen“, „blind vor Wut“, „da hat sich bei mir ein Schalter umgelegt“ zu hören.

Heidi Kastner, forensische Psychiaterin und seit Jahrzehnten Gerichtsgutachterin, die bei dem Grazer Prozess nicht involviert war, hat die Existenz dieses „Schalters“ in einem „profil“-Interview zum Mythos erklärt: „Es kommt sehr, sehr selten vor, dass jemand so von seiner Emotion überschwemmt und zersetzt wird, dass er keinen Zugriff mehr auf seine inneren moralischen Instanzen hat. Natürlich wird jeder Mensch in der Emotion labiler, aber er ist trotz Affekt für seine Handlungen verantwortlich.“ Als Indiz für eine psychotische Störung des Täters verwies die Staatsanwaltschaft darauf, dass sich der Mann bei seiner Einvernahme sichtlich verwirrt gezeigt und vom Ausmaß seiner Horrorfahrt keine Ahnung gehabt habe.

Eine vielleicht voreilige Diagnose. In der Amokforschung wird dieser Zustand als terminaler Erschöpfungszustand bezeichnet, manche der Täter erklären ihren polizeilichen Vernehmern nach ihren Morden, dass sie einfach nur mehr schlafen wollen. Ausschließen kann man auch, dass der Vernichtungsschlag spontan erfolgte. Mit der Fahrt durch das

Herz der Grazer Innenstadt wollte Alan R. die größtmögliche Verwüstung mit der höchsten Aufmerksamkeit anrichten.

Die Psychologie, die hinter solchen Amoktaten stehe, sei leicht zu erklären, so der Vorarlberger Psychiater und Gerichtsgutachter Reinhard Haller: „Mir geht es schlecht und denen geht es gut. Und dieser heilen, verständnislosen Welt werde ich es jetzt zeigen." Im Prozess ein Jahr nach der Tragödie, wo Alan R. in einem schneeweißen Anzug einen gespenstischen Anblick abgab, wurde der Mann von den Geschworenen für zurechnungsfähig erklärt, obwohl einige der Gutachter vom Gegenteil überzeugt waren, und zu lebenslanger Haft verurteilt. Hätte man sich rechtzeitig um Alan R. gekümmert, könnten die Toten der Grazer Amokfahrt vielleicht noch am Leben sein. Denn der Mann war lange vor der Tat verhaltensauffällig, saß stundenlang vor seinem Haus und starrte ins Leere. Seine Frau erzählte später in Interviews, dass er darüber geklagt hatte, Stimmen zu hören, und mehrfach mit einer Machete in der Tasche das Haus verlassen hatte.

Man kann nur immer wieder das Credo vieler Experten nachbeten: Täterarbeit ist Opferschutz. Und je früher man eingreift, desto wirksamer wird es. Männer, die, so Reinhard Haller, „mit einem Machtverlust und der damit verbundenen Kränkung" konfrontiert sind, „verkraften es oft nicht, dass ihre Frauen sich selbstständig gemacht haben". Im Worst-Case-Szenario „schwören sie sich innerlich: Ein Mal werde ich es euch noch zeigen, ein Mal habe ich noch einen letzten Sieg und eine todsichere Lösung. Diese erweiterten Morde steigen statistisch an, sie sind für mich eine neue Form des Bösen."

Familienauslöscher

Die Arbeit an der Reportage über Daniel L. sollte mir über Monate nicht mehr aus dem Kopf gehen. Der damals 23-jährige Polizist beging einen Doppelmord, der in die von Reinhard

Haller erwähnte „neue Form des Bösen“ fällt. Der steirische Polizist hatte im Oktober 2016 seine schwangere Lebensgefährtin Claudia mit der Dienstwaffe in der gemeinsamen Wiener Wohnung erschossen und Stunden später seinen 21 Monate alten, spielenden Sohn von hinten erwürgt. Mit meiner damaligen Kollegin Theresia Draxler gingen wir nach der Tat auf Spurensuche. Wir besuchten das Wohnhaus der Familie im Wiener Bezirk Margareten, sprachen mit den Nachbarn, mit Daniels früheren Lehrern. Nach mehreren Kontaktaufnahmeversuchen und durch die Vermittlungshilfe der Anwältin Iris Augendoppler wurden wir auch von Daniels am Boden zerstörter Mutter und seinem Stiefvater im steirischen Trofaiach empfangen, einer Kleinstadt im Bezirk Leoben, wo Daniel aufgewachsen war. Auf einer verdorrten Wiesenlichtung, wo die Anrainer abends ihre Hunde äußerln führen, in unmittelbarer Nähe der elterlichen Wohnausanlage, hatte Daniel L. einen Tag nach seinen Taten die Leichen seiner Freundin und seines Sohnes in einem Koffer und einer Reisetasche deponiert. Augendoppler beschrieb ihren Klienten als „introvertiert und fast schüchtern“: Es falle ihm schwer, überhaupt zu begreifen, „was er getan hat“. Die Frage „Warum?“ lastet schwer auf allen Involvierten, Bekannten, Kollegen, früheren Wegbegleitern und natürlich auch auf uns Journalistinnen, die wir versuchen, durch unsere Recherchen den Menschen Daniel L. zu rekonstruieren und dadurch Erklärungen zu finden.

„Mit dem Dani hat es nie irgendein Problem gegeben“, sagt sein Stiefvater, für den auch die drei angeheirateten Kinder „wie meine eigenen sind“: „Da hat immer alles gepasst.“ Daniels frühere Lehrerin Elisabeth K. beschreibt ihn als „fleißigen, intelligenten, hilfsbereiten und ruhigen“ Schüler, „der seine Leistungen immer unaufgefordert erbrachte“. Die Nachbarn in der Bräuhausgasse, in einem tristen Wohnhaus in Wien-Margareten, erzählen von einem „unauffälligen, zuvorkommenden, höflichen jungen Mann, der sein Kind immer liebevoll betreute“. Allerdings dürften die Nerven der jungen Eltern blank gelegen sein, da es sich bei dem Kleinen, so eine Nachbarin, „um ein Schreibaby gehandelt hat".

Warum aber erschoss ein junger Streifenpolizist, der sich liebevoll um seinen Sohn gekümmert, seinen Job zur Zufriedenheit seiner Vorgesetzten ausgeführt, außer einem kleinen Kredit keine Schulden gehabt und davon geträumt hatte, eine Ausbildung für die Spezialeinheit Cobra zu machen, seine hochschwangere Lebensgefährtin mit seiner Dienstwaffe, einer Glock 17, aus allernächster Nähe in ihrem gemeinsamen Bett? Warum erwürgte er, nachdem er die Leiche der Mutter im Bad versteckt und den Nachmittag mit dem Kind auf einem Indoor-Spielplatz in der Donaustadt verbracht hatte, am nächsten Morgen seinen 21 Monate alten Sohn beim Spielen von hinten?

Er wollte ihm die Schande ersparen, ohne Mutter und als Sohn eines Mörders aufzuwachsen, erklärte Daniel in den Vernehmungsprotokollen – ein häufiger Rechtfertigungsversuch bei Eltern, die ihre Kinder getötet haben. Viele Täter oder auch Täterinnen geben an, ihre Kinder von einem ohnehin nicht lebenswerten Leben erlösen zu wollen und durch den Tod „in eine bessere Welt zu bringen", so die Linzer Psychiaterin Heidi Kastner. Dass Daniel die Leichen in seinen Heimatort brachte und die Polizei selbst an den Tatort führte, besaß für seinen Stiefvater eine Logik: „Er wollte damit zeigen, dass er hierher gehört. Und dass er auch Verantwortung für seine Tat übernehmen möchte."

Im Vorzimmer der kleinen Wohnung der Familie hängt ein großer Bilderrahmen, aus dem alle fünf Kinder in Einzelporträts lachen. Im großen Kinderzimmer stehen ein Stockbett und eine Ausziehcouch. Hier war Daniel erschöpft eingeschlafen, nachdem er die Leichen abgelegt hatte. Als er damals völlig überraschend für seine Mutter in Trofaiach aufgekreuzt war (bei seiner Wiener Dienststelle hatte er sich krank gemeldet), sagte er nur: „Mama, ich habe mit der Claudia Schluss gemacht."

„Typen, die alles richtig machen wollen“

Für die Familie, für Freunde und Kollegen bleibt Daniels Tat ein düsteres Rätsel. Doch der Polizist, dem sein Gutachter, der Wiener Psychiater Karl Dantendorfer, Zurechnungsfähigkeit während der Tat attestierte, passt perfekt in ein Täterprofil, das erst in den vergangenen Jahren wissenschaftlich erforscht wurde. „Familienauslöschungen greifen inzwischen um sich wie eine Epidemie“, erklärt Walter Hollstein, Soziologe und Buchautor („Was vom Manne übrig blieb“): „Seit 2009 haben wir es in Deutschland im Schnitt alle neun Tage mit einer solchen Tat zu tun, 2005 geschah dies noch im Intervall von drei Wochen.“ Das österreichische Bundeskriminalamt führt über solche erweiterten Morde keine einschlägige Statistik.

Im Sommer 2018 erschütterte ein solcher Fall die USA. Nachdem der 33-jährige Angestellte Chris Watts in Pseudo-Verzweiflung vor die Kameras getreten war, um die Öffentlichkeit um Hilfe bei der Suche nach seiner vermissten schwangeren Frau und seinen beiden kleinen Töchtern zu bitten, fand die Polizei von Colorado rasch heraus, dass der dreifache und indirekt vierfache Mord auf das Konto des Familienvaters ging, von dem seine Frau in einem Facebook-Posting erklärt hatte, dass „er das Beste war, was mir je in meinem Leben passiert ist“. Watts hatte gerade ein Liebesverhältnis mit einer Arbeitskollegin begonnen und stand unter erheblichem finanziellem Druck, für die Woche nach der Tat wäre eine Gerichtsverhandlung anberaumt gewesen.

Neil Websdale, US-Universitätsprofessor für Strafrecht und Spezialist für Gewalttaten im privaten Bereich, untersuchte in der Abhandlung „Familicidal Hearts“ (zu Deutsch sinngemäß: das Innenleben von Familienmördern) 211 Fälle von „Familienauslöschern“ – ihre Herkunft, ihre Biografien und die Situationen, in denen die Verbrechen begangen wurden. Die häufigsten Motive von Männern, die ihre Frauen und Kinder töteten, waren finanzielle Sorgen, Jobverlust, die damit einhergehende Angst, ihrer Aufgabe als Familienversorger nicht gerecht zu werden; danach folgten Eifersucht (häufig drohten die Frauen mit Scheidung oder hatten eine neue Beziehung), die Angst, verlassen zu werden, und die Überzeugung, durch den Mord „wieder die Kontrolle über die Situation zu erlangen und die entgleitende Macht wieder an sich zu reißen" (Websdale). Häufig endeten solche „Familicides" mit dem Selbstmord des Täters. 95 Prozent der Täter in Websdales Untersuchung waren Männer. Die Frauen, das bestätigt auch die restliche Fachliteratur als Regelfall, töteten ausschließlich ihre Kinder und nicht ihren Partner. Hinsichtlich der Selbstmordhäufigkeit unter Frauen nach solchen Auslöschungsmorden zeichnet die Forschung kein eindeutiges Bild. Websdale stellte unter seinen wenigen weiblichen „annihilators", so der US-Fachterminus, einen hohen Prozentsatz an Suiziden fest; in einer 2016 in der US-Fachzeitschrift „Journal of Psychology" erschienenen Feldstudie, so der TV-Sender abc, „führten drei Psychologen an, dass Männer häufiger als Frauen dazu tendieren, sich nach einer solchen Auslöschung umzubringen".

Daniel L. fällt nach Websdales Typologie in die Gruppe von „Funktionierern". Er beschreibt sie in seinem Buch: „Das sind Typen, die alles richtig machen wollen, meist unauffällig sind und ihre Versorgerrolle sehr ernst nehmen. Sie haben gute Jobs, einen stabilen sozialen Hintergrund, keine Vorstrafen, kein Alkoholproblem. In den Medien werden sie als hingebungsvolle Väter dargestellt, denen ihre Kinder alles bedeuteten. Meist sind die Frauen in solchen Konstellationen ohne Beruf und nur Hausfrau und Mutter. Die Verantwortung lastet allein auf diesen Männern, die Frauen sind dabei zunehmend in der Isolation."

Die Attribute „scheinbar glücklich", „liebevoll" und „ohne jede Auffälligkeiten" werden auf den Chronikseiten der Zeitungen häufig gebraucht, wenn die männlichen Täter beschrieben werden. Dass solche Funktionierer für Gewalttaten anfälliger sind als sich emotional impulsiv auslebende Typen, erklärt der

Vorarlberger Psychiater Reinhard Haller damit, „dass sie in ihrer überkorrekten Angepasstheit alle Kränkungen in sich hineinfressen. Die Fähigkeit, sich ihrer Aggressionen zu entladen, ist ihnen durch diesen antrainierten Gefühlspanzer abhandengekommen. Oft malen sich solche Männer den Tötungsakt in ihrer Fantasie bereits aus, ehe sie zur Tat schreiten."

Solche Auslöschungen sind in der Regel keine Affekthandlungen, so der Bostoner Soziologieprofessor und Aggressionsforscher Jack Levin: „Häufig kommen die Tötungsakte Exekutionen gleich. Sie passieren nie in der Hitze des Moments, sondern sind von langer Hand geplant und passieren nahezu ohne Emotionen."

In den Medienberichten war immer wieder von einer Axt die Rede, die Daniel unter dem Bett versteckt hatte. Seiner irritierten Lebensgefährtin hatte er erklärt, dass das Werkzeug als Geschenk für einen Cousin gedacht sei.

Der Abgrund in der „heilen Welt"

Die Beziehung zwischen Daniel und seiner Lebensgefährtin dürfte laut Zeugenaussagen einer emotionalen Achterbahnfahrt gleichgekommen sein. Die Kärntnerin war seine erste echte Freundin. Schon wenige Wochen nach dem ersten Treffen war die junge Frau schwanger geworden. Ihr Facebook-Profil zeugte von Sehnsucht nach Romantik und Familie: Fotokollagen in Herzchenform, die sie in diversen Umarmungs- und Kussposen mit Daniel zeigten, der dabei fast abwesend wirkte. Bilder von selbstgestrickten Babymützchen. „Familie ist und bleibt das Wichtigste", stand in einem Posting über einem Foto von Frauenhänden, die Babyfüßchen halten. Die Beschwörung dieser Idylle hatte in dieser Dichte etwas Getriebenes, fast Trotziges, so als wolle jemand, der das Glück eines intakten Familienlebens nie selbst erlebt hat, es um jeden Preis für sich beanspruchen. Wie trügerisch diese Idylle gewesen sein muss, belegen diverse Zeugenaussagen, die von Aggressionsausbrüchen erzählen. Mehrfach soll die Kärntnerin, die Masseuse werden wollte, aber an der Ausbildung scheiterte, Daniel zu Hause sein Portemonnaie weggenommen und ihn sogar in der Wohnung eingesperrt haben. Auch von einer Parfümflasche, die sie ihm an den Kopf geknallt hatte, erzählte eines von Daniels Geschwistern der Mutter nach einem Besuch in Wien. Claudia soll auch sehr eifersüchtig gewesen sein. Sie schickte Daniel laut dessen Mutter einmal 300 SMS innerhalb weniger Stunden, weil sie vermutete, dass er mit einer Kollegin ein Verhältnis hatte. Ihr Verdacht war begründet: Daniel hatte zwar kein Verhältnis mit einer Polizistin, aber über Wochen eine Affäre mit einer zweifachen Mutter und allein erziehenden Kellnerin, die er im Internet kennengelernt und noch mit seinem kleinen Sohn auf dem Spielplatz getroffen hatte, als dessen Mutter schon tot im Badezimmer lag. Eine an kalter Grausamkeit kaum zu überbietende Handlung. „Ich bin in einen negativen Strudel geraten", erklärte er im Sommer 2017 im Gerichtssaal, als er sein Hafturteil auf Lebenszeit unwidersprochen entgegennahm.

Wie kann man sich die Gefühlswelt eines ansonsten unauffällig braven Menschen im Moment des Tötungsakts erklären? „Da sind die Täter von jeglichen Gefühlen gänzlich abgespaltet, ihr Fokus liegt allein auf der Wiedergutmachung der erlittenen Kränkung", sagt der Psychiater Reinhard Haller. „Besonders beim Typus Graue Maus, der ja nie gelernt hat, sich zur Wehr zu setzen, entlädt sich dann ein regelrechter Aggressionsstau."

Der örtliche Polizeibeamte Ewald Grillitsch, der uns damals an den Fundort der Leichen geführt hatte, war Wochen danach noch immer fassungslos, er wiederholte den Satz wie ein Mantra: „Es muss eine Belastungsstörung gewesen sein." Anders konnte er sich nicht erklären, dass ein Kollege, der „draußen in Wien" immer als unauffälliger und braver Erfüller seiner Pflicht gegolten hatte, der nie auch nur irgendwie

„negativ aufgefallen ist“, zu „so etwas“ fähig war. „Belastungsstörung“ ist eine schwammige Diagnose für stressbedingte Erschöpfungsdepressionen, für Angstzustände, Anpassungsschwierigkeiten und Überforderung – oder eben das Gefühl, in seinem Leben ausweglos gefangen zu sein. „Beim erweiterten Mord, der ja in den Medien oft verharmlosend als Familientragödie bezeichnet wird, spielt das Motiv ‚Ich räume mir den Weg frei, damit ich wieder meine Freiheit bekomme‘ oft eine große Rolle“, erklärt die Psychiaterin Heidi Kastner.

In der von Brad Pitt produzierten Hollywood-Verfilmung „A True Story“, die (wie im Titel signalisiert) auf einer wahren Begebenheit basiert, spielte James Franco den Auslöscher Christian Longo, der seine Frau und seine drei Kinder tötete und die Leichen in einem Fluss versenkte. Das Motiv „Ich will wieder frei sein und bahne mir dazu den Weg“ ist in der Verfilmung an der Longo-Figur klar nachvollziehbar.

Auch im Fall von Daniel L. dürfte das eine plausible Erklärung sein. Zu jung und schnell war er in die verantwortungsvolle Position des Familienerhalters geschlittert, für die er sich eigentlich noch nicht bereit gefühlt hatte. Zu groß waren die Anforderungen, denen er als perfektionistischer Funktionierer gerecht zu werden versuchte, und jene seiner Lebensgefährtin, die ihn immer wieder wissen ließ, was er „für einen Scheißjob“ habe, wie Daniels Mutter erzählte. Zu sehr schien er sich wie ein Fremder in einem Leben zu fühlen, das nicht seinen Träumen entsprach. „Es war nie genug“, erzählte er seiner Anwältin Iris Augendoppler: „Sie wollte immer mehr. Ich habe gekocht, geputzt, mich um den Kleinen gekümmert, den Haushalt gemacht, dann wieder gearbeitet. Nichts hat ihr gepasst.“ Der Psychostress dürfte für den jungen Mann, der „so sehr den Wunsch hatte, sich die Welt anzuschauen“ (so seine Mutter), irgendwann unerträglich geworden sein.

„Ich habe einige Männer getroffen, die ihre Familien ausgerottet haben“, berichtet der Kriminalpsychologe und FBI-Profiler Thomas Müller: „Wieso schlägt, sticht, schneidet oder schießt jemand auf einen Menschen, dem er nahe ist? Weil er sich verteidigt. Oder weil er das Gefühl hat, nicht dem Wert zugeordnet zu sein, den er sich verdient. Er fühlt sich nicht anerkannt, wertgeschätzt, wahrgenommen – das alles sind subjektive Kränkungserlebnisse."

„Ich habe den Dani oft gefragt, warum er die Claudia nicht einfach verlässt", erzählte die Mutter, die als Reinigungskraft arbeitet, langsam und immer wieder stockend, als könne sie die Katastrophe noch immer nicht glauben: „Ich hab doch gesehen, wie er immer weniger wird, und seine Anspannung gespürt. Er hat immer nur gesagt: Das wird schon, Mama. Es passt schon."

Was fühlen Täter?

Sonnberg ist ein beschauliches Dorf im Einzugsgebiet von Hollabrunn. Pferde grasen friedlich auf einer Koppel vor der Einfahrt zu einem Wasserschloss, das aus der Renaissance stammt. Ein Idyll wie aus einer Inga-Lindström-Schnulze, wären da nicht die automatisch schließenden Stahltüren und Gitter.

Die niederösterreichische Justizanstalt Sonnberg ist auf Sexualstraftäter spezialisiert. Insgesamt besuchten meine Kolleginnen Theresia Draxler und Salomea Krobath und ich vier Gefängnisse in Niederösterreich und Wien, um mit Männern Interviews zu führen, die wegen häuslicher Gewalt und Vergewaltigung ihrer Ehefrauen oder Freundinnen inhaftiert waren. Im Sinne der nach der Grazer Amokfahrt laut geforderten „Täterarbeit" wollte ich einmal nicht gefiltert durch die Opfer und Betreuungsfachleute hören, welche Situationen bei Männern die Sicherungen durchbrennen lassen und ob sie ihre Taten selbstkritisch reflektieren können.

Unser erster Gesprächspartner ist Ben, 29 Jahre alt, gelernter Tischler, zweifacher Vater. Seine Körperhaltung signalisiert Trotz, angestaute Wut, aber auch eine große Trauer. Er ist dicht tätowiert. Der Name des germanischen Donnergotts Thor ist in Balkenlettern auf seinem Handrücken zu sehen. Nein, rechtsradikal ist er nicht. Nicht mehr. Damit ist er durch. Auf seinen Armen sind viele Daten eintätowiert: Hochzeitstag, Scheidungstag, Haftantritt. Warum er in Sonnberg sitzt, ist schnell erzählt: „Waffenhandel, illegaler Waffenbesitz, eine Marihuana-Plantage im Keller ..." – „Und Gewalt?" – „Ja, das auch. Wenn mir wer blöd kommt, dann muss er damit rechnen." Den Rauchfangkehrer hat er schon einmal mit einer Waffe bedroht. Und irgendwann standen 16 Bullen der Sondereinheit WEGA vor seinem Haus – nur, weil er die Tür nicht gleich aufgemacht hat. Da hätten die geglaubt, er habe die jüngere seiner beiden Töchter als Geisel genommen. Solche Idioten! Er tippt sich an die Stirn.

Seine Frau sei ihm immer wieder „blöd gekommen". Einmal so sehr, dass er ihr das Handgelenk bis zum Bruch verdrehte: „Sie hat unsere zwei Madeln total verwahrlosen lassen, die waren immer schmutzig. Sie hat nix gekocht, einmal hat sie sogar betrunken mit ihnen einen Unfall gebaut. Geschlagen hat sie die Kinder auch. Und ich, ich hab immer g'arbeit'. Immer. Es ist immer alles an mir gehangen."

Bens Töchter sind fünf und neun Jahre alt und inzwischen in einem Heim bei Melk untergebracht. Alle drei Monate dürfen sie ihn in Sonnberg besuchen. Unter Aufsicht einer Heimbegleitung und eines Sicherheitsbeamten. Die Liebe zu seinen Kindern hält ihn aufrecht. Sie wirkt echt und tief. Bei unserem zweiten Besuch zeigt er uns einen Brief von „meiner Großen": „Hallo Papa! Ich liebe dich sooo sehr. Ich vermisse dich. Und jetzt ist alles grau, wie das schiarche Land."

Ein „schiarches, graues Land" war auch Bens Kindheit: Mit acht Jahren deponierten ihn seine Eltern in einem Heim für Schwererziehbare in Allensteig; mit elf landete er in der Psychiatrie in Mauer bei Amstetten, bis zu seinem 15. Lebensjahr lebte er in diversen Heimen. Über die Methoden, die in den Erziehungsanstalten angewandt wurden, möchte er, kann er nicht sprechen. Er zeigt uns einen Brief des niederösterreichischen Opferschutzes, in dem ihm 10.000 Euro Schadenersatz für das „erlittene Unrecht" zugesichert werden: „Genügt das?" Die wöchentlichen Therapiesitzungen im Gefängnis lasse er irgendwie über sich ergehen: „Sinnlos. Denen kannst sowieso jeden Blödsinn erzählen, die kannst dir manipulieren, wie du's brauchst." Als er sich verabschiedet, öffnet er sein Hemd, um uns einen auf seine Brust tätowierten Dreizeiler zu zeigen: „Family is the most important thing in life/but it doesn't last for ages/never lose belief in it."

Nur zwei der insgesamt zwölf Gesprächspartner, die wir bei unserer Gefängnistour treffen, haben eine gewaltfreie Kindheit gehabt. „Meine Mutter hat meinen Zwillingsbruder mit dem Polster erstickt", erzählt ein kleiner, schüchtern wirkender Mann in der Vollzugsanstalt St. Pölten, der zwölf seiner insgesamt 36 Lebensjahre hinter Gittern verbracht hat. „Die Mutter hat drei Jahre gekriegt für den Mord, und ich bin mit 16 Monaten in das inzwischen ja sehr bekannte Heim Wilhelminenberg gekommen – Schlafentzug, wo wir über Tage alle paar Stunden geweckt wurden, war eine der vielen Strafen, die dort üblich waren." In solchen Fällen kann es später zu einer „Täter-Opfer-Umkehr" kommen, wie der Psychotherapeut Alexander Haydn erklärt: „Durch Gewalttaten wollen sich ehemalige Opfer aus dieser Rolle befreien, stellen aber natürlich auch die aggressiven Beziehungsmuster ihres früheren Umfelds nach."

Klaus Priechenfried, Leiter der Bewährungshilfe Neustart in der Wiener Leopoldstadt, skizziert den prototypischen Gewalttäter: „Sie wurden durch Heime gereicht, haben ein geringes Selbstbewusstsein, konnten keine stabilen Beziehungen aufbauen, wodurch der präfrontale Kortex, der die Vernunft steuert, oft nicht ausgereift ist."

„Ich habe mir nicht mehr zu helfen gewusst", „Ich bin an der Wand gestanden", „Sie hat mich provoziert", „Was ist mir denn anderes übrig geblieben?", waren die häufigsten Phrasen, die wir in den handschriftlich protokollierten Gesprächen (Tonbänder oder iPhones waren nicht erlaubt) zu hören bekamen.

Wie sich der unausgereifte präfrontale Kortex auswirkt, beschreibt der 21-jährige Häftling Fritz K., der gegen seine Mutter gewalttätig geworden war. So sei das Gefühl vor dem Ausbruch: „Dein Inneres fühlt sich an wie ein leise brodelnder Vulkan. Und dann wirft jemand etwas rein – und du fühlst dich unverstanden, hilflos und nicht mehr wie ein ganzer Mann. Und in solchen Momenten bin ich explodiert."

Bernhard ist ein Hüne in der Vollzugsanstalt St. Pölten, der reflektiert über seine Gewaltdelikte erzählen kann. Er verbüßt zum zweiten Mal eine Freiheitsstrafe, inzwischen ist er „im gelockerten Vollzug": Beim ersten Mal hat er seiner Freundin Rippenverletzungen zugefügt, jetzt sitzt er, weil er den „verbal hochaggressiven" Stiefsohn seiner Lebensgefährtin „an der Kehle gepackt und an die Wand gedrückt" hat. Beim Entladen der Aggressionen habe er immer „eine große Leere gespürt". Die Sache mit der Vernunft funktioniere eigentlich ganz gut, aber irgendwann könne es auch wieder leicht kippen: „Ich weiß über mein eigenes Aggressionspotenzial Bescheid und versuche es auch ständig einzuschließen. Aber irgendwann hat sich zu viel aufgestaut, und man will sich nur noch erleichtern. Es sind ja auch immer wieder nichts als Hilfeschreie."

In gut der Hälfte der Gespräche gaben die Interviewten an, von ihren Partnerinnen regelmäßig tätlich angegriffen worden zu sein. „Meine hoffentlich baldige Ex hat mir immer wieder ins Gesicht geschlagen", erzählt der 26-jährige Herbert, ein schmächtiger junger Mann, der eigentlich wie ein Hipster aus einer Software-Agentur aussieht, in der Vollzugsanstalt St. Pölten. „Bis es mir einmal gereicht hat und ich zurückgehaut hab. Vorher hab ich noch die Kaffeemaschine auf den Boden gehaut, um mich zu entladen. Aber es hat nichts genützt. Dann bin ich einfach nur mehr ausgerastet."

Gewalttätige Frauen

Es wäre ein fataler Irrglaube, anzunehmen, dass Frauen aufgrund ihrer Sozialisation weniger sadistisch und gewaltbereit sind als Männer. Ihre Fälle schaffen es nur weniger häufig in die Chronik-Rubriken der Medien, da die physischen Möglichkeiten, Aggressionen auszuüben, wesentlich eingeschränkter sind. „Frauen können genauso bösartig und grausam wie Männer sein", ist die forensische Psychiaterin Heidi Kastner überzeugt. „Allein ihre physisch begrenzteren Möglichkeiten verhindern, dass sie dabei so oft strafrechtlich belangt werden wie Männer. Ihre Methoden sind subtiler." In ihrer Gewaltbereitschaft, so der Wiener Psychiater Patrick Frottier, stünden Frauen den Männern um nichts nach: „Man darf nicht außer Acht lassen, dass Frauen deswegen in der Gefängnispopulation unterrepräsentiert sind, weil ihnen nicht die gleichen Voraussetzungen zur Gewaltausübung gegeben sind."

Im Schutz einer ideologischen Gemeinschaft wie der Terrormiliz IS oder dem NS-Regime, in der die Gewalttäter keine Verantwortung für ihre Taten übernehmen müssen und in der Regel anonym handeln, „fällt es beiden Geschlechtern dann noch einmal besonders leicht, das eigene Gewissen zu töten, um die Anerkennung einer Gruppe zu bekommen", erklärt die Juristin, Psychotherapeutin und Theologin Rotraud Perner. So kann man sich auch die Bilder der perfid gedemütigten Gefangenen im Gefängnis von Abu Ghraib bei Bagdad während des Irak-Kriegs erklären. Im Pulk mutierten US-Soldaten, die davor keine verhaltensauffälligen Biografien hatten, zu enthemmten Sadisten in Uniform. Als besonderes Talent auf dem Gebiet erniedrigender Grausamkeiten hatte sich dabei eine Frau erwiesen: die damals 25-jährige Lynndie England, die auf einem Foto, das um die Welt ging, dabei zu sehen war, wie sie einen nackten Strafgefangenen an einer Hundeleine durch die Gänge zerrte. Die Mutter eines kleinen Sohnes zeigte auch nach ihrer eineinhalbjährigen Haftstrafe in einem Interview mit dem „stern“ nicht einen Funken von Reue. Der Missbrauch, so Lynndie England, sei von den obersten Militärs abgesegnet worden: „Ihr Befehl hatte gelautet: ‚Kocht sie weich!‘“

Wahrscheinlich sind viele Männer auch von einer größeren Gewaltbereitschaft gegen sich selbst. Die Härte, mit der sie sich manchmal zur Funktionstüchtigkeit zwingen und die Signale ihrer Seele und ihres Körpers ignorieren, kann existenzbedrohend werden. Ganz im Sinn von Susan Faludi und ihrem Spruch vom Mann, der sich selbst der größte Feind ist.

„Am seidenen Faden“: Der Mann und seine Gefühlswelt

„Ich fühle mich manchmal so isoliert.“

Anthony Bourdain, Starkoch (†2018)

„Ich fühle mich ungeheuer leer und nichtig,
so als ob ich nie wieder ficken,
kämpfen oder schreiben könnte.“

Ernest Hemingway, Schriftsteller

Eine Freundin von mir hat ein Ferienhaus in der Steiermark, das regelmäßig von einem ortsansässigen Tischler, der in einem regionalen Betrieb arbeitete, betreut wird. Vor einigen Jahren schloss diese Werkstätte und Kurt F., Mitte 30, verheiratet und Vater von zwei Kindern, stand ohne Job da. Ein langwieriges und aufreibendes Bewerbungs-Martyrium am Arbeitsmarkt folgte, bis er endlich eine Stelle in der Holzabteilung eines 50 Kilometer entfernten Baumarkts fand. Aufgrund von Umstrukturierungen wurde er dort nach wenigen Wochen ohne weitere Erklärungen in die Farbabteilung versetzt. Dieser Wechsel stürzte ihn und sein Selbstwertgefühl in tiefes Unglück – man hatte ihm sein geliebtes Material Holz, über das er alles wusste und wo er so kompetent war, entzogen. Das Gefühl der Hilflosigkeit eskalierte, sodass er keinen Ausweg aus der Katastrophe mehr sah. Als sich eines Sonntags seine Familie zum Kirchgang verabschiedete und alle bereits im Auto saßen, schlug der Hund so laut an, dass der 12-jährige Sohn beunruhigt noch einmal zurückging. Er sah seinen Vater von der Decke baumeln. Er war gerade noch rechtzeitig gekommen: Der Sohn konnte seinen Vater im letzten Moment retten. Kurt hat heute wieder seine Bahn gefunden, vor allem, weil er in regelmäßiger psychotherapeutischer Behandlung ist und gelernt hat, „über das zu reden, was ich vorher nie rausgebracht hätte“.

„Ich fühle mich manchmal so isoliert“, erzählte der Starkoch und Fernseh-Moderator Anthony Bourdain vor einer CNN-Kamera, während er auf einer Freud'schen Couch lag, „das kann manchmal ganz plötzlich kommen. Wenn ich zum Beispiel am Flughafen einen grauenhaften Hamburger gar nicht einmal esse, sondern nur betrachte, kann mich das superdepressiv machen.“ Vordergründig hatte Bourdain damals in der Schicksalslotterie einen Sechser gezogen: Er war mit seiner CNN-Show „Parts Unknown“ megaerfolgreich, sah fantastisch aus, verdiente viel Geld, war Vater einer Tochter, mit der er eng verbunden war, und in einer kolportiert glücklichen Beziehung mit der italienischen Schauspielerin Asia Argento, bekannt als eine der ersten, die Harvey Weinstein wegen sexueller Übergriffe öffentlich bezichtigt hatten. Und dennoch erhängte er sich im Alter von 61 Jahren während Dreharbeiten am 7. Juni 2018 im Bad seines Hotelzimmers im Elsässer „Le Chambard“. „Er war die letzten Tage in einer dunklen Stimmung“, erzählte sein Kollege und bester Freund Eric Ripert, „man spürte, dass es ihm nicht gut ging. Aber nie im Leben hätte irgendwer gedacht, dass er diesen letzten Schritt setzt.“

Zwar sind Frauen in der weltweiten Statistik, was Depressionen und Angststörungen betrifft, überlegen, aber das hat auch sehr viel mit dem männertypischen Mangel an Krankheitseinsicht zu tun. Die kürzesten Arzt-Patienten-Gespräche stoppten Forscherinnen laut dem deutschen Nachrichtenmagazin „Focus“, wenn zwei Männer sich gegenübersaßen. „Männer glauben sehr viel länger, allein gegen ihre Zustände ankämpfen zu müssen“, so die Leiterin des Wiener Instituts für Stressmanagement Lisa Tomaschek-Hrabina, „manche kommen überhaupt erst dann, wenn der komplette Zusammenbruch bereits stattgefunden hat.“ Männer brauchen generell, bei allen Beschwerden, um ein Vielfaches länger, ehe sie einen Arzt konsultieren, weil das offenbar noch bei vielen einem

Schwächeeingeständnis gleichkommt. Ich kenne einige Frauen, die auf ihre Männer einreden wie auf störrische Kinder, sogar ab und an ein Ultimatum stellen, ehe sie sie dazu bringen, zu einer banalen Vorsorgeuntersuchung zu gehen, geschweige denn ein gesundheitliches Problem überprüfen zu lassen.

Sich mit einer psychischen Krankheit oder Störung auseinanderzusetzen, verlangt dann noch ein paar Selbstüberwindungsschritte mehr, denn obwohl die gesellschaftliche Akzeptanz für seelische Probleme in den letzten Jahren erheblich zugenommen hat, sind für viele Depressionen, Angststörungen oder Panikattacken noch immer weit jenseits der Salonfähigkeit.

Lernen, auf sich aufzupassen

Ein Arbeitspensum, das über die Grenzen der Selbstausbeutung ging, hat den Burgschauspieler Nicholas Ofczarek vor einigen Jahren schon einmal für längere Zeit aus der Spur gefegt, wie er mir in einem „profil"-Interview 2015 erzählte. „Das war eine Begegnung mit mir selbst, auf die ich gerne verzichtet hätte. Es hat mich schon mehrmals auf die Gosch'n g'haut, immer wieder, und ich bin in Löcher gefallen, die ich auch überwunden habe. Du kommst ja schon auf die Welt und lernst gehen, indem du dauernd hinfällst. Aber diesmal war es anders."

Über ein halbes Jahr ging der Star des Burgtheaters in den Rückzug. Wohin? Er lachte: „Also so sauber, dass da eine kleine Kur auf der Alm oder sonstwo nützt, so sauber läuft das nicht. Wenn man depressiv ist, kann man gar nichts. Man ist ja in solchen Phasen nicht einmal fähig, aus dem Bett zu steigen. Ich will jetzt mit meinen Zuständen nicht hausieren gehen, ich will sie aber auch nicht tabuisieren. Wir leben in einer brutalen Leistungsgesellschaft, in der uns das Leben durch die Gegend peitscht. Und ich glaube, jeder Mensch hat diesen Zustand der Angstbesetztheit, dieses Nicht-mehr-Könnens, schon einmal erlebt. Der nächste Schritt ist, sich das auch einzugestehen und Hilfe zu suchen." „Um wieder frei zu werden", war eine wöchentliche Sitzung beim Psychotherapeuten für ihn durchaus der richtige Weg. Heute geht es ihm wieder gut, weil er gelernt hat, auf sich aufzupassen.

Lernen, auf sich aufzupassen, ist aber für viele Männer eine schwierige Übung. Es fällt ihnen schwer, den Satz „Ich brauche Hilfe" über die Lippen zu bringen, ohne dabei eine Gaumenzäpfchenprellung zu erleiden. Doch wer Hilfe nicht bewusst sucht, bekommt meist auch keine.

Ich frage Stephan Doering, Psychiater und Spezialist für Persönlichkeitsstörungen an der Wiener Universitätsklinik, woran man erkenne, dass jemand nicht nur von der Norm abweiche, sondern an einer ernst zu nehmenden psychischen Störung leide: „Die Übergänge sind meist fließend. Wenn sich das innere Erleben und Verhalten eines Menschen so verändert, dass es von den Erwartungen der soziokulturellen Umgebung abweicht, oder bei jemandem Impulskontrolle, Affekte und Beziehungsgestaltung nicht mehr im sozialen Kontext ablaufen, ist er gefährdet."

Die Selbstherrlichen

Für Topmanager und Spitzensportler ist es noch um einiges schwieriger, Schwäche und Hilfebedürftigkeit einzugestehen. Auf dem Olymp der Macht wird man ja auch durchaus in der Illusion der Unverwundbarkeit gewiegt, was entsprechende Auswirkungen auf die Persönlichkeitsstruktur hat, wie mir der ehemalige Bertelsmann-Chef Thomas Middelhoff kurz nach der Entlassung aus dem Gefängnis am Telefon erzählte. Eine mehrjährige Haftstrafe wegen Untreue und Steuerhinterziehung hatte ihn für einige Zeit zum prominentesten Gefangenen der deutschen Justiz gemacht. Middelhoff im Rückblick und knapp vor Antritt seines neuen Lebens: „Ich war arrogant und der Meinung, dass ich alles entscheiden kann. Ich habe in meiner Persönlichkeitsstruktur eine Fehlentwicklung gemacht, die mich leichtsinnig und selbstherrlich werden ließ. Deswegen habe ich nicht professionell agiert. Ich war immer weniger ich selbst, und das hat mir geschadet. Ich habe auch viel zu viel die Öffentlichkeit gesucht, was viele provoziert hat. Ich bildete mir ein, die Öffentlichkeit regelrecht zu brauchen."

Der Schutzheilige narzisstischer Persönlichkeitsstörungen ist zweifelsohne Donald Trump, dessen erratisches Kamikazeverhalten eine ganze Armada von US-Psychiatern zu – eigentlich ihrem beruflichen Ethos widersprechenden – Ferndiagnosen hingerissen hat. All diese Impulskontrollverluste, aggressiven Ausrutscher, seine unermüdliche Provokations-Libido und groteske Selbstherrlichkeit haben eine diagnostische Erklärung, die manchen sogar als Entschuldigung dienen mag: Trump, so Psychiater und Psychotherapeuten, leide eben an einer „narzisstischen Persönlichkeitsstörung" und sei nicht nach den handelsüblichen Zivilisationsmaßstäben zu beurteilen. Das Paradoxe dabei: Die psychiatrische Experten-Elite, die alle fünf Jahre die Diagnose-Bibel für psychische Erkrankungen, das „Diagnostic and Statistical Manual of Mental Health", erstellt, scheint sich bei der genauen Definition und klaren Skizzierung dieses Phänomens alles andere als einig zu sein. Die Definition der narzisstischen Persönlichkeitsstörung umfasst in der letzten Ausgabe des Manuals gerade einmal einen Absatz von acht Zeilen. Die dort angeführten Merkmale wirken so vage wie beliebig und scheinen bei näherer Betrachtung auf das Gros der Menschheit anwendbar: „Fantasien über unbegrenzten Erfolg, Macht, Schönheit oder ideale Liebe, das Gefühl der Einmaligkeit, Bedürfnis nach übermäßiger Bewunderung, Neidgefühle, arrogantes Verhalten, Mangel an Empathie und das Ausnützen von zwischenmenschlichen Beziehungen."

Branchengerüchten zufolge soll sich die Jury im Vorfeld heftig darüber gestritten haben, ob man die NPD („Narcissistic Personality Disorder“) angesichts dieser schwammigen Kriterien nicht besser gleich aus dem Handbuch verschwinden lassen sollte. Erstaunlicherweise wurden zwei wesentliche Punkte eines ins Pathologische gleitenden Narzissmus bei dieser Auflistung im DSM-5, so die fachliche Abkürzung der fünften Handbuch-Ausgabe, außer Acht gelassen: die völlige Unfähigkeit im Umgang mit Kritik und Kränkungen sowie der Mangel an Krankheits- oder Störungseinsicht. Beiden durchaus Trump-affinen Symptomen wird in der Fachliteratur von Forschungsgrößen wie Otto F. Kernberg, Heinz-Peter Röhr oder Heinz Kohut jedoch großer Raum gegeben. Männer, so sind sich die Experten einig, seien in jedem Fall weit häufiger von Narzissmus in jeder Dosierung betroffen als Frauen.

Der Vorarlberger Psychiater und Klinik-Primar Reinhard Haller, der schon vor einigen Jahren sein Buch „Die Narzissmus-Falle“ publizierte, erzählt, dass er nach dessen Erscheinen rund 5000 Zuschriften bekam: Das Gros kam von Frauen, die in ihrem aktuellen Partner einen Narzissten zu erkennen glaubten und entsprechend an dieser Verbindung litten, gefolgt von Menschen, die unter dem Joch eines vermeintlich narzisstisch gestörten Chefs standen. Nur eine einzige Zuschrift beinhaltete die Selbsterkenntnis: „In diesem Buch sprechen Sie von mir. Ich bin Narzisstin.“

„Du musst abliefern“

Wie brutal die Wahrung der männlichen Fassade im Spitzensport sein kann, zeigte ein Interview des 33-jährigen deutschen Fußballprofis Per Mertesacker im Frühjahr 2018 im „Spiegel“. Dort erzählte Mertesacker über die Torturen des ständigen Beweisnotstands als Spitzenspieler: „Es geht nur darum, dass du abliefern musst – ohne Wenn und Aber.“ Durchfall und Brechreiz quälten ihn vor jedem Spiel, und wenn die Seele „Ich kann nicht mehr“ signalisierte, blieb nur mehr der Ausweg in die

Verletzung, um nicht aufzufallen: „Wenn ich nicht mehr konnte, war ich verletzt. Ich behaupte sogar, dass viele wiederkehrende Verletzungen psychisch bedingt sind. Dass der Körper so der Seele zur Ruhe verhilft."

„Alles ist ok", hatte der amerikanische Schriftsteller David Foster Wallace zu seiner Frau gesagt, ehe sie im September 2008 das Haus verließ. Wenig später erhängte er sich. Zwanzig Jahre lang hatte Foster Wallace, so sein Vater in der Presse, an Depressionen gelitten. In der Phase vor seinem Selbstmord hatte er in Absprache mit seinem Arzt die Medikamente abgesetzt.

„Alles ist ok", hatte auch der deutsche Torwart Robert Enke seiner Frau erklärt, ehe er sich am frühen Abend des 10. November 2009 in der Nähe seines Wohnorts Himmelreich auf die Schienen legte. Noch zwei Tage zuvor war er als Torhüter eingesetzt gewesen. In seinem Abschiedsbrief bat er Angehörige und Ärzte um Verzeihung. Kurze Zeit nach Enkes Tod, am 20. November 2009, gab der Fußballprofi Andreas Biermann in einer Pressekonferenz bekannt, dass er einen Suizidversuch unternommen hatte und sich wegen Depressionen in stationärer Behandlung befinde. Der Tod des Nationaltorwarts Robert Enke habe ihn zum Schritt an die Öffentlichkeit bewogen. Am 18. Juli 2014 wurde Biermann im Alter von 33 Jahren tot in seiner Wohnung aufgefunden. Auf dem Tonband seiner Handy-Mobilbox war noch immer die Melodie von „Wonderful Life" der Band „Hurts" zu hören.

Verdrängen und unterdrücken

Beide Fußballprofis waren wegen ihrer seelischen Zustände in Behandlung gewesen. Möglicherweise bei den falschen Ärzten. Wie sehr der Genesungsprozess von der richtigen Behandlung abhängt, sah ich am Beispiel des Bruders einer Freundin, der jahrelang die Signale seiner Seele in Form einer Angststörung wegdrängte und dadurch an solchen Schlafstörungen zu leiden begann, dass irgendwann der totale Zusammenbruch erfolgte. Der 35-Jährige mutierte zu einem Häuflein Elend. Der behandelnde Neurologe verschrieb ihm bei einem stationären Aufenthalt eine Medikamentenkombination, die ihn langsam auf den Weg der Besserung führte. Hätte der Bruder meiner Freundin nicht aus eigenem Antrieb eine begleitende Psychotherapie begonnen, hätte ihm der Neurologe eine solche gar nicht nahegelegt. Auch ein Aufenthalt in einer Klinik für psychosomatische Beschwerden erfolgte auf die Eigeninitiative des Patienten. Der Neurologe behandelte nach dem Konzept „Medikamente geben, Einstellungen überprüfen, wenn's passt, dann wieder ab ins Leben." Die sechswöchige Zwischenstation in dieser Klinik, die spezialisiert war auf Menschen mit Belastungsstörungen und Erschöpfungsdepressionen, war jedoch ein wichtiger Schritt, um nicht nur die Symptome zu bekämpfen, sondern sich auch mit den Ursachen seines kurz zuvor so katastrophalen Zustands zu konfrontieren. Dort lernte er wieder „gehen" und fand die Kraft, wieder in seine Realität zurückzukehren und danach auch seine Lebensumstände entsprechend zu ändern. Heute ist er, so seltsam das klingt, „dankbar für diese Krise, die mich gezwungen hat, die Dinge, die mich belasteten, auch beim Namen zu nennen und sie nicht nur zu verdrängen, wie ich das jahrelang gemacht habe. Ich musste durch die Talsohle durch, um mir mein Leben wieder zurückzuholen."

Geschlechtsspezifische Verteilungen von Depression und Suizidalität unterliegen einem doppelten Geschlechterparadoxon: Frauen, so die weltweite Statistik, erkranken zwei- bis dreimal so häufig an einer Depression, haben aber, so die sozialwissenschaftliche Psychiaterin Anne-Maria Möller-Leimkühler, Autorin von „Vom Dauerstress zur Depression", eine weit geringere Suizidrate. Sie begehen jedoch weitaus öfter einen Selbstmordversuch als Männer – solche Selbstmordversuche, häufig durch Einnahme von Tabletten begangen, sind ja oft auch als radikale Hilfeschreie zu interpretieren. Dagegen setzen dreimal so viele Männer ihrem Leben ein unwiderrufliches Ende durch Erhängen oder Erschießen, leiden aber angeblich nur halb so oft oder noch seltener an Depressionen und Angststörungen. Der Umkehrschluss ist so simpel wie beunruhigend: Männer sind nicht seelisch resistenter, sondern haben nur ein weit geringeres Bewältigungsrepertoire, um sich mit den Fehlermeldungen ihrer Seele auseinanderzusetzen. Sie schweigen, weil sie für ihre Schmerzen keine Ausdrucksmöglichkeiten haben. Deswegen sind sie in diesen Statistiken unterrepräsentiert, was aber nicht der Realität ihrer Hilfebedürftigkeit entspricht. „Mangelnde Hilfesuche, männerspezifische Stressverarbeitung und eine einseitige Depressionsdiagnostik" sind für Anne-Maria Möller-Leimkühler die wichtigsten Gründe für dieses Geschlechterparadoxon. Je länger eine Therapie bei einer seelischen Erkrankung hinausgezögert wird, desto wahrscheinlicher ist es, dass solche Zustände chronisch werden und sich drastisch verschlimmern bzw. aussichtslos scheinen. Und irgendwann scheint es dann nur mehr den letzten Fluchtweg zu geben aus einem „Leben, in dem es ständig nur noch schneit", so ein depressiv Erkrankter auf Facebook.

Die schwindende Bedeutung und das Gefühl, das Beste längst hinter sich gelassen zu haben, dürften auch für den amerikanischen Literaturnobelpreisträger Ernest Hemingway, dessen Depressionen auch genetisch bedingt waren, der Auslöser für seinen Selbstmord gewesen sein. In einem seiner letzten Briefe schreibt er: „Ist man ein Meister, dann sollte man lieber zu seiner besten Zeit abtreten – ehe es einem entgleitet und alle Welt es merkt."

Seinem Freund und späteren Biografen Aaron Hotchner erklärte er in einem seiner letzten Gespräche: „Was glaubst du, passiert einem Menschen, der ins 62. geht, wenn er merkt, dass er nie mehr die Bücher und Geschichten schreiben wird, die er sich selbst versprochen hat. Wenn ich nicht unter meinen Bedingungen leben kann, Hotch, dann ist das Leben für mich unmöglich. So habe ich immer gelebt, so muss ich leben – oder eben nicht."

Hemingway passt insofern nicht ins typische Schema des männlichen Suizidopfers, als er wegen seiner Depressionen immer wieder in Behandlung gewesen war. Er war erst kurz bevor er an dem fatalen Morgen des 2. Juli 1961 aufstand, um sich sein Lieblingsgewehr aus dem Schrank in seinem Anwesen in Ketchum, Idahoe, zu holen, nach einer längeren Elektroschockbehandlung aus der Mayo-Klinik zurückgekehrt.

Der Keulenschlag der Einsamkeit

Als höchste psychosoziale Risikofaktoren für Männersuizide führt Anne-Maria Möller-Leimkühler Homosexualität, geringes Einkommen, Arbeitslosigkeit, Pensionierung, Scheidung und die Tatsache, allein zu leben, begleitet von Impulsivität und Aggressivität, an. Die Einsamkeit im Alter trifft Männer, egal ob sie verwitwet sind oder sich lebenslang nicht festlegen wollten, häufig wie ein Keulenschlag. „Besonders bei Männern um die 70 Jahre", so der auf Männer spezialisierte Psychotherapeut Björn Süfke, „ist die Selbstmordrate neunmal so hoch wie bei Frauen." Studien belegten auch, dass sie in dieser Altersgruppe weitaus anfälliger für Depressionen sind als Frauen: „Wenn ihre Partnerinnen sterben, folgen Männer ihnen extrem schnell nach. Auch da gilt: Männlichkeit kann einen umbringen." Frauen, in ihrem Privatleben ohnehin sozial vernetzter, können mit dem Ableben eines Partners weitaus situationselastischer umgehen.

Knapp vor ihrem 80. Geburtstag hatte ich die legendäre, inzwischen verstorbene Kinderbuch-Schriftstellerin Christine Nöstlinger, die munter mit einem Rollator kettenrauchend durch ihre Wiener Dachwohnung fegte, für ein Interview besucht. Sie war schon länger verwitwet und erzählte, dass sie einen großen Freundinnenkreis von Witwen habe, die allesamt ihren neuen Lebensabschnitt ohne Versorgungsstress miteinander genossen: „Es ist eigentlich gar nicht zuwider – man muss kein Papperl kochen und keiner fragt einen, wann man nach Hause kommt."

Die Einsamkeit alleinstehender älterer Männer war auch dem deutschen Psychiater Manfred Spitzer bei der Arbeit an seinem Buch „Einsamkeit" dramatisch ins Auge gestochen: „Frauen leben im Durchschnitt fünf bis sechs Jahre länger als Männer und heiraten in Deutschland etwa zwei Jahre ältere Männer. Dies bewirkt am Ende des Lebens einen Mittelwert von etwa acht Jahren Witwendasein. Nun bedeutet das keineswegs automatisch Einsamkeit, sogar im Gegenteil: In einer Gruppe von 100 älteren Männern sind weit mehr einsam als bei 100 älteren Frauen."

Dass das chronische Gefühl, einsam zu sein, auch gesundheitliche Konsequenzen nach sich ziehen kann, ist wissenschaftlich belegt. Die Symptome ähneln jenen von chronischem Stress. Manfred Spitzer führt in seinem Buch zu dem Phänomen etliche Metastudien an, die eine Korrelation von sozialer Isolation mit Herzinfarkten, Schlaganfällen, Depressionen, erhöhtem Blutdruck, Nervosität und Schlafstörungen aufzeigen. Spitzer gießt diese Erkenntnis in den Slogan: „Einsamkeit ist das neue Rauchen." Alle psychischen Merkmale finden sich in erhöhter Form auch in der Beschwerden-Statistik der Männer.

In einem Interview, das ich mit dem inzwischen verstorbenen Herausgeber der FAZ Frank Schirrmacher anlässlich seines Buches „Minimum" führte, erzählte er, dass bei großen Hitzewellen in Städten die meisten Todesopfer unter alleinstehenden Männern ab 60 zu finden waren, „um die sich niemand kümmerte und die auch keinem abgingen".

Das traurigste Beispiel zum Thema männlicher Alterseinsamkeit fand ich im Frühling 2018 in diversen Berliner Zeitungen. Dort wurden wiederholt Aufrufe mit einem Foto eines im Koma liegenden alten Mannes abgedruckt, der beim Joggen in einem Park im Berliner Stadtteil Wilmersdorf zusammengebrochen war und seither in der Intensivstation der Charité-Klinik lag. Die Polizei ersuchte um Hilfe, um die Identität des Joggers feststellen zu können. Kein Mensch meldete sich, keinem ging der alte Mann ab. Erst vier Monate später konnten Ermittler anhand der beiden Schlüssel, die in seiner Jacke gesteckt hatten, den Namen und die Wohnung zu diesem Schicksal ausfindig machen – sie hatten sich über Tage durch die Schlösser der Wohnungstüren in der Umgebung gearbeitet. Selbst unter den Nachbarn hatte sich niemand gefunden, der sich an das Gesicht des Verunglückten erinnern konnte. Der Mann ist 74 Jahre alt, hat keine Angehörigen und liegt zum gegenwärtigen Zeitpunkt noch immer im Koma.

Männer sind anders depressiv

Dass psychische Störungen, vor allem Depressionen, an denen geschätzte 800.000 Österreicher zumindest einmal in ihrem Leben gelitten haben, bei Männern und Frauen mit unterschiedlichen Symptomen auftreten, ist ein Wissen, das sich in der öffentlichen Wahrnehmung noch nicht durchgesetzt hat. Die gängigen Klischees sind Antriebslosigkeit, Melancholie, Schlaflosigkeit, Konzentrationsunfähigkeit und Freudlosigkeit. Alles Attribute, die jedoch vor allem bei Frauen auftreten. Männer, von klein auf darauf konditioniert, ihre Gefühle abzuwehren und auf Sparflamme zu halten, haben ein anderes Symptomrepertoire entwickelt. In ihrem Buch „Warum Frauen gesünder leben und Männer früher sterben“ nennt Gabriele Fischer, Leiterin der Drogenambulanz, Suchtforschung und Suchttherapie an der Wiener Universitätsklinik, für die männliche Depression „eher“ folgende Merkmale: „Unruhe, Unzufriedenheit, stark verringerte Stresstoleranz, erhöhte Risikobereitschaft, verminderte Impulskontrolle und Wutausbrüche, mit denen man sich abreagieren möchte.“ Mit Sicherheit seien manche Autounfälle mit tödlichem Ausgang „verdeckte Selbstmorde". Frauen, so Fischer, neigten hingegen eher „zum Grübeln, zu sozialem Rückzug, dem Gefühl, morgens nicht aufstehen zu können, und Vernachlässigung der Körperpflege".

Abgesehen von der genetischen Veranlagung sieht Fischer auch geschlechtsspezifische Auslöser einer Depression. Bei Frauen könne man hier häufig Einzeltraumata wie Missbrauch, Mobbing-Erlebnisse, Überlastung durch Beruf und Familie, die intensive Pflege von alten oder psychisch kranken Angehörigen sowie hormonelle Veränderungen durch die Geburt eines Kindes oder die Menopause beobachten. Bei Männern fallen eher Massentraumata wie Kriege und Katastrophen, der Verlust der beruflichen Anerkennung, körperliche Unzulänglichkeiten, Scheidung, Tod des Partners und Alkoholabhängigkeit ins Gewicht. Wobei beim Faktor Alkohol die Grenzen insofern fließend sind, als oft nicht genau auszumachen ist, was als erstes da war: die Depression oder die Abhängigkeit vom Alkohol.

Sucht ist keine Charakterschwäche

Alkohol ist in Österreich eine Kulturdroge, ein soziales Gleitmittel und gesellschaftlich anerkannt, um nicht zu sagen eine Art Voraussetzung für soziales Miteinander. Was den Pro-Kopf-Konsum von Alkohol betrifft, liegt im OECD-Vergleich nur Frankreich vor Österreich, das sich den zweiten Platz mit Portugal teilt.

Der österreichische Aktionskünstler und Maler Hermann Nitsch, zu dessen dionysischer Lebensphilosophie immer wieder „Rauscherlebnisse" gehören, rät zur Kultivierung der nötigen Selbstbeherrschung: „Denn der Grat zwischen Lustgewinn und Zerstörung ist ein schmaler. Aber geregelte Räusche und Alkohol in Maßen beleben unsere Sinne und unser Vorstellungsvermögen. Dann fühlt man sich im Ganzen der Schöpfung geborgen!"

Nur ist der „geregelte Rausch“ für Menschen mit psychischer Suchtstruktur schwer bis nicht möglich. Sucht, so die weltweit anerkannte Spezialistin zum Thema Nora Volkow, die vom Magazin „Time“ einmal zu den 100 maßgeblichsten Menschen der USA gekürt worden war, sei „kein moralisches Versagen und auch keine Charakterschwäche“: „Es ist tatsächlich so, dass chronisches Suchtverhalten auf eine Erkrankung des Gehirns zurückgeht und mit Fehlleistungen im Dopamin-Kreislauf zu tun hat. Der Dopamin-Fluss steht auch in engem Zusammenhang mit jenen Hirnregionen, die Selbstkontrolle, Entscheidungskraft und Urteilsvermögen verantworten. Wenn diese Dopamin-Rezeptoren nicht entsprechend sind, kann es leicht zu Suchtverhalten kommen. Insofern kann ich Suchtpatienten entlasten: Sie sind nicht willensschwach, sondern tatsächlich krank.“

Was das geschlechtsspezifische Suchtverhalten betrifft, beobachtet die Psychiaterin Gabriele Fischer hinsichtlich Alkohol, der zu Beginn der Abhängigkeitsspirale meist die Funktion von Stresserleichterung hat, eine deutliche Verschiebung der Geschlechterproportionen, was sie mit der wachsenden Emanzipation und der damit ebenso stark ansteigenden Doppelbelastung erklärt. Lange Zeit kamen auf eine alkoholkranke Frau, auch im internationalen Vergleich, vier Männer, in den letzten Jahren habe sich das Verhältnis auf 1 : 3 geändert, wobei vor allem junge Frauen stark aufholten, so Fischer in ihrem Buch. In einem Interview, das ich für „profil“ mit der Suchtspezialistin führte, erklärte sie: „Im Männlichkeitskonzept sind ein paar Räusche noch immer salonfähig; bei Frauen ist das nicht so. Frauen trinken eher heimlich, während Männer ihre Sucht mehr offen ausleben. Auch aus Angst, dadurch ihre Kinder zu verlieren, ist Alkoholismus die einzige chronische Krankheit, bei der Männer länger in der Behandlung verbleiben als Frauen. Auch bei Rückfällen verhalten sich Frauen anders: Männer beginnen wieder zu trinken, wenn sie gut drauf sind; bei Frauen passiert das eher bei Krisen und einer besonderen Stressanhäufung.“

Immer unter Strom

Jahrzehntelang war Lorenz Gallmetzer ein „funktionierender Alkoholiker". Bis der frühere ORF-Journalist erkannte, dass nur noch ein stationärer Entzug in einer Suchtklinik ihm helfen konnte und er in der im Volksmund als „Trinkerheilanstalt" bekannten Suchtklinik Kalksburg eincheckte. Seine Abhängigkeits-Biografie und die während des Aufenthalts erfolgten Begegnungen beschreibt er in dem Buch „Süchtig" – mit oft schmerzhafter Ehrlichkeit. In einem mehrstündigen Gespräch, das ich mit ihm für eine „profil"-Covergeschichte führte, beschrieb Gallmetzer das langsame Entgleiten in die Abhängigkeit: „In meiner Zeit als Korrespondent in Washington und später Paris wurde ich zunehmend das, was man einen funktionierenden Alkoholiker nennt. Ich war kein Quartalsäufer oder Rauschtrinker, habe nie gelallt oder bin irgendwo umgekippt. Aber ich war das, was man einen Spiegeltrinker nennt – immer auf einem gewissen Level in der Welle, einfach dauerbeschwingt. Das hat meine Arbeitsfähigkeit nahezu 30 Jahre in keiner Weise beeinträchtigt. Ich habe ja auch meine Arbeit nach einem Suchtmuster betrieben – oft täglich bis zu 14 Stunden, kaum ein freies Wochenende, immer unter Strom, immer mehr als das geforderte Pensum. Als Korrespondent musstest du ja jederzeit funktionieren können. Und irgendwann war der Alkohol kein Genussmittel mehr, sondern nur noch Medizin. Eine Medizin gegen und für alles: gegen Stress, unangenehme Situationen, zur Entspannung, als kreatives Stimulans, gegen Ängste, Hemmungen und Verunsicherung. Und wenn etwas schieflief in meinem Leben, hatte ich die Ausrede parat: ‚Kein Wunder, schließlich trinkst du zu viel.' Offen gestanden: Diese Ausrede fehlt mir jetzt eindeutig."

Erst nach vielen selbstverordneten Entzügen, Abstürzen und dem Überleben einer schweren Krankheit konnte er sich den für viele Männer so schwer auszusprechenden Satz sagen, der so viel Lebenszeit schenken könnte: „Ich brauche Hilfe, alleine schaffe ich das nicht mehr."

„Am Tropf der Zuwendung“

Was das Suchtverhalten betrifft, sind Männer Frauen im negativen Sinn überlegen. Denn Sucht eignet sich als brauchbares Instrument, um die eigenen Gefühle klein zu halten, abzudämpfen oder ganz zu verdrängen. Gesellschaftlich anerkannte Süchte wie die Arbeitssucht – der Mann generiert seinen Selbstwert ja noch immer hauptsächlich aus seiner Arbeit – bleiben oft unerkannt oder werden als besondere Funktionstüchtigkeit gewertet.

In dem Film „Am seidenen Faden“ aus dem Jahr 2017 in der Regie von Paul Thomas Anderson porträtiert Oscar-Preisträger Daniel Day-Lewis (in seiner angeblich letzten Rolle) einen egomanischen Modeschöpfer, der von seiner Arbeitsbesessenheit aufgefressen wird. Seine Muse und spätere Frau erfindet einen Trick, um ihn in die Verwundbarkeit und Offenheit zu zwingen. Sie vergiftet ihn immer wieder mit Pilzen, damit er „dann wie ein Baby wird“. Paradoxerweise tut sie das bald nicht mehr heimlich, sondern mit seiner Einwilligung. Das Vergiftungsritual wird in die emotionale Choreografie dieses Paars dauerhaft integriert. Nur so kann der Panzer, der diesen Mann umgibt, gesprengt werden. Eine psychoanalytische Parabel für die Befindlichkeit vieler Männer, die in der Sucht, in dem Fall in der Arbeitssucht, ihre Gefühle vergraben.

Im Spektrum der Suchterkrankungen leiden zwei Prozent an einer Kokainabhängigkeit, 15 Prozent sind von Alkoholismus betroffen und nur ein Prozent spielt pathologisch. Natürlich treten Suchterkrankungen auch gekoppelt auf: Alkohol- und Spielsucht gehen häufig Hand in Hand. Die Bevölkerungsgruppe, die am gefährdetsten für Zocken mit Suchtcharakter ist, „sind 18- bis 35-jährige, arbeitslose Männer mit Pflichtschulabschluss“, so Gabriele Fischer, die einige Studien zum Thema Spielsucht durchführte. Diese soziologische Gruppe wird, wie im ersten Kapitel dargelegt, dramatisch wachsen.

„Spielsüchtige“, so Gabriele Fischer, „weisen auch eine

hohe Komorbiditätsrate auf." Häufig seien Depressionen in verschiedenen Ausformungen und Angststörungen mit jeder Form von Suchterkrankung verbunden.

Die größte Gefahr bei der Spielsucht stellen nach wie vor die Automaten, so der Leiter des Anton-Proksch-Instituts Michael Musalek, der in seiner Klinik Patienten mit jeglicher Art von Suchterkrankung behandelt: „Sie sind wesentlich gefährlicher als alles andere - weil sie eine starke psychotrope oder psychoaktive Wirkung geben, vergleichbar mit den Nikotin-Flashs durch Zigarettenzüge. Sie katapultieren den Spieler gleich in eine andere Sphäre. Das Glücksgefühl ist replizierbar durch die Schnelligkeit und deswegen macht das Automatenspiel auch so schnell süchtig." Bei den Automaten komme neben der raschen Aufeinanderfolge der Kicks noch die Komponente des „magischen Denkens" hinzu: „Der pathologische Spieler redet sich zum Beispiel ein, dass er gleich einen richtig guten Lauf haben wird und mit dem nächsten Spiel alles noch einmal umdrehen kann. Der Spieldruck wächst, weil er dem Glauben erliegt, dass jede nicht genutzte Gelegenheit ihn davon abhält, zu gewinnen." Ein beträchtlicher Gewinn am Anfang sei überhaupt die verlässlichste Einstiegsdroge, um die Demarkationslinie von der Risikogruppe zur Sucht zu überqueren.

Auch bei Franz K., seit 15 Jahren „trocken", hat das Leben in einem Ottakringer Automatencafé durch so einen Anfangsgewinn seinen Lauf genommen: „Das war mein Drama, einmal hab ich richtig gut gewonnen. Neben mir saßen ein Oberarzt, der konsequent das Piepen seines Spital-Pagers überhörte, und ein Philharmoniker, der oft noch im Frack nach der Vorstellung herbeirauschte. Die Automaten machen alle Menschen gleich; sie zwinkern dir zu, sie streicheln dich, sie zeigen dir die kalte Schulter und du hängst am Tropf ihrer Zuwendung." Vor seiner Spielsucht hatte er schon mit einer schleichenden Kokainabhängigkeit zu kämpfen gehabt, die ihn in den beruflichen und finanziellen Ruin gestürzt hatte. Als er diese Sucht unter Kontrolle bekam, suchte er sich mit dem Automatenspiel ein anderes Betätigungsgebiet, um dieses „Kick-Gefühl" wieder erleben zu können. Bei einem Stand von 250.000 Euro Schulden und nach ein paar ungemütlichen Begegnungen mit der Wiener Unterwelt („einem Schuldner haben sie kommentarlos die Hosen runtergezogen, die Schamhaare abrasiert und dann nur gesagt: ‚Und wenn das Geld nächste Woche nicht da ist, rutsche ich das nächste Mal mit dem Messer ab'") checkte Franz F. in Kärnten in einer Suchtklinik ein und entwarf mit seiner Frau einen Finanzplan. Die letzten Kreditraten aus seiner Zockerzeit wird er erst in einem Jahr abgetragen haben. Als Surrogat ficht er mit seiner Frau Quiz-Duelle aus und leistet sich einmal in der Woche eine Schachpartie mit einem Profi. Das Glück des Mannes war, dass seine Frau, ungeachtet all der Tragödien, die sie mit ihrem Ehemann durchleben musste, wie ein Fels in der Brandung stand und ihn mit der Parole „Das stehen wir gemeinsam durch" bei Kampfgeist hielt. Einige Frauen verlassen in solch prekären Situationen das Terrain, weil sie anders keine Überlebensmöglichkeit sehen.

Im Isolations-Exil

Eine Sucht, deren Bekämpfung noch verhältnismäßig wenig institutionalisiert ist, ist die Online- und Computersucht. „Diese Form der Sucht", so der Männertherapeut Björn Süfke, „muss ich aus der Männerperspektive sehr, sehr ernst nehmen. Damit werden wir uns in den nächsten zehn Jahren sehr, sehr intensiv beschäftigen müssen."

Eine Studie der Innsbrucker Uniklinik ergab 2016, dass rund 100.000 Jugendliche, das sind drei Prozent, ein solches Suchtverhalten aufweisen. Michael Musalek, Psychiater und Leiter des Anton-Proksch-Instituts, schätzt, dass sich die Zahlen in den nächsten Jahren verdoppeln werden: „Da ist ein therapeutisches Vakuum. Wir müssen schleunigst Strukturen finden, die diese Suchtkranken auffangen." In seiner Kalksburger Klinik behandelt Musalek auch Jugendliche, die bis zu 48 Stunden am Stück in die Parallelwelten digitaler Kriegsgebiete abgedriftet sind: „Während dieser Zeit beträgt ihr Bewegungsradius maximal 30 Zentimeter. Neben körperlichen Mangelerscheinungen wie Dehydration und Schlaflosigkeit verlernen sie jegliche soziale Kompetenz und sind kaum mehr in der Lage, gesellschaftliche Codes und Verhaltensweisen zu verstehen."

Im Zuge der „profil"-Reportage „Das kaputte Kind" trafen wir den Menschen zum Phänomen, Witti, damals 19 Jahre alt: Seine nackten Oberarme waren mit Narben und Schnittwunden übersät. In seiner Schulzeit hatte sich Witti oft selbst verletzt. Es habe ihn „erleichtert" und wahrscheinlich auch davon abgehalten, „sich ganz umzubringen".

Der gelernte Handwerker checkte aus eigenem Antrieb in die Suchtklinik ein: „Manchmal habe ich vier Tage am Stück ‚Warlords' gespielt und dabei nichts gegessen." Seine Online-Sucht war der letzte Ausdruck seiner seelischen Verwundungen – während seiner Schulzeit hatte Witti schon an Depressionen und psychotischen Schüben gelitten und mithilfe des Jugendamts längere Zeit in einer Nervenklinik verbracht. Den Lehrern war es egal, die Eltern waren von Wittis seelischem Notzustand heillos überfordert. „Ich war immer wieder Opfer von heftigem Mobbing, ich glaube auch, dass das der Auslöser für meine Computersucht war. Ich bin sogar zum Direktor meiner Schule gegangen und habe wegen des Mobbings um Hilfe gebeten – umsonst." Wittis Leidensweg stellt prototypisch dar, dass unbehandelte seelische Krankheiten häufig ein Suchtverhalten nach sich ziehen, um den Leidensdruck abzumildern und erträglich zu machen.

Narzisstische Infusionen in Form von sozialen Medien können, so der US-Neurowissenschaftler Daniel Levitin in seinem Buch „The Organized Mind", ebenfalls Suchtverhalten triggern. Durch das permanente Torpediertwerden mit äußeren Stimuli wie Likes, Herzchen oder Insta-Stories verfestigt sich im „Smombie“ (so der Jargon für Menschen, die in dauerhafter Verschmelzung mit ihrem Smartphone leben) der paradoxe Irrglaube, dass „er dafür belohnt wird, dass er sich nicht mehr konzentrieren kann“, so Levitin. Für soziale Medien gilt das Gleiche wie für Alkohol, Spielautomaten, Sex oder Kokain: Es gibt Menschen mit einer genetischen Prädisposition für Suchtverhalten, das natürlich auch durch äußere Umstände wie Erziehung, Stress und persönliche Probleme beeinflusst wird. Dass das Online-Suchtverhalten mit Begleiterscheinungen wie sozialer Isolation, Soziophobie, Angststörungen und Depressionen im Zusammenhang steht, erscheint da völlig logisch. Mit einer Schätzungsrate von 80 bis 90 Prozent sind diese „Hikikomoris“ männlich und im jungen Erwachsenenalter. Das Phänomen „Hikikomori“ hat vor rund zwölf Jahren in Japan seinen Anfang genommen und bedeutet übersetzt so viel wie „sich einschließen“. Oft verlassen solche Teenager und Twens über Wochen ihr Zimmer nicht, wo sie „in einer fixen Beziehung“ mit ihrem Computer leben, und beschränken den Kontakt zur Außenwelt auf das Allernötigste. Ausgangspunkt für dieses freiwillige Exil sind meistens Traumata wie Mobbing in der Schule, aber auch Dauerkonflikte mit den Eltern oder deren Trennung. Dass das Internet in direktem Zusammenhang mit solchen Isolationsprozessen steht, verneint „New York Times“-Kolumnist und Bestseller-Autor David Brooks, der um die Jahrtausendwende den Begriff „Bobo“ prägte, in seinem jüngsten Buch „Das soziale Tier“. In einem Telefoninterview erklärte mir Brooks: „Circa 20 Prozent aller User benutzen Facebook und andere soziale Medien als Schmerzmittel gegen die Einsamkeit. Aber diese Menschen hätten auch ohne Facebook, Twitter und Instagram ein soziales Problem. Ihre Isoliertheit ist weder mit sozialen Medien zu beheben, noch stehen sie damit in direktem Zusammenhang.“

Väter im Abseits

Von Scheidungen waren 2017 in Österreich insgesamt 18.425 Kinder, davon 12.506 (67,9 Prozent) minderjährige, betroffen. Die Ex-Ehepaare hatten somit im Durchschnitt 1,14 Kinder (aller Altersstufen), mehr als die Hälfte davon jünger als 14 Jahre.

Zu den Auswirkungen des Fehlens von Vätern (denn die Kinder bleiben nahezu immer bei den Müttern) existieren inzwischen ganze Regale voll pädagogischer Ratgeber. Fest steht, dass keine Mutter, und sei sie noch so liebend, inspirierend und hingebungsvoll, eine männliche Bezugsperson ersetzen kann. Der Kinder- und Jugendpsychiater Helmuth Figdor konstatiert: „Wenn der Vater auszieht, was ja meistens der Fall ist, verdünnt sich das männliche Element. Für Buben kann das langfristig problematisch werden. Wenn sie subjektiv erleben, dass sie als Bub immer nach der Pfeife der starken Frau tanzen müssen, kann das dazu führen, dass sie sich später nur dann als Männer fühlen können, wenn sie Frauen dominieren. Bei den Mädchen fehlt das Männliche als etwas vertraut Gegenwärtiges. Darum neigen diese Mädchen stark dazu, sich Männern zu unterwerfen und ihre Bedürfnisse nicht zu äußern, um diese Liebe nicht zu verlieren."

Manfred Pawlik, systemischer Familientherapeut in Wien, definiert die möglichen Langzeit-Verwundungen durch fehlende Väter so: „Da gibt es wenig Chance, ein realistisches Männerbild zu entwickeln. Die Mädchen tendieren zu einer Idealisierung und gehen später auf die Suche nach dem Vaterersatz. Die Buben, die einen Vater im Alter von acht bis zehn noch dringend brauchen, verfallen vielleicht später in einen übertriebenen Männlichkeitswahn oder leiden an der Unfähigkeit, Mann sein zu können."

Alle Gespräche, die ich im Zuge der letzten Jahre mit Experten zum Thema Trennungskinder geführt habe, liefen auf das Gleiche hinaus: Nach einer Scheidung muss die Väter-Zeit klar geregelt und regelmäßig sein, Loyalitätskonflikte sind zu vermeiden („Hast du Mama oder Papa lieber?") und das Kind darf nicht als Austragungsort für die eigenen Verletzungen und für Rachefeldzüge missbraucht werden. Theoretisch ist das total klar und nachvollziehbar, in der Praxis bestimmt jedoch eine Verflechtung von Kränkungen und Aggressionen ein oft irrationales Verhalten. Sollte der Vater nicht mehr vorhanden sein oder vorhanden sein wollen, sind Frauen gut beraten, alle männlichen Ressourcen zu plündern, derer sie in ihrem Verwandten- und Freundeskreis habhaft werden können. Ein Großvater, ein Onkel, ein guter Freund der Familie kann die Defizite des männlichen Elements zumindest teilweise ausgleichen.

Eine Studie des Österreichischen Instituts für Familienforschung mit dem Titel „Väter im Abseits" ergab 2007 eine erschreckende Erkenntnis: Nahezu die Hälfte aller Trennungsväter verlieren den Kontakt zu ihren Kindern. Die Studienleiterin Mariam Irene Tazi-Preve erklärte in einer Presseaussendung: „40 Prozent der befragten Väter machen keine Angaben zur Frage des Kontaktes zu ihren getrennt lebenden Kindern. Von den verbleibenden getrennten bzw. geschiedenen Vätern gaben 11 Prozent an, keinen Kontakt mehr zu haben. Weitere 10 Prozent haben mäßigen Kontakt zu ihren Kindern, nämlich zumindest einmal im Jahr ein persönliches Treffen."

Natürlich gibt es auch Frauen, die ihre Kinder nach der Scheidung für einen persönlichen Rachefeldzug missbrauchen. Nicht alle, aber einige. Es gibt Ex-Männer, die mehr Vater sein wollen, als ihnen amtlich verordnet wird. Nicht alle, aber einige. Und es gibt Kinder, die unter dem Versuch oder dem Gelingen, den Vater auszuradieren, leiden. Nahezu alle.

Ohnmacht, Hilflosigkeit und brennende Sehnsucht – das Vokabular der zahlreichen Scheidungsväter, die ich im Lauf der Jahre interviewt habe, gleicht sich. Schwere Depressionen, auch Selbstmordgedanken unmittelbar nach dem Exodus aus der Familie, kommen zur Sprache. Sollte ich hierbei spekulativer Koketterie aufgesessen sein, sind diese Männer gute Schauspieler. Manche Väter wollen nicht auf ein Dasein als Zahl-Papi im Hintergrund reduziert werden, sondern ihre Vaterschaft aktiv ausüben, indem sie ihre Kinder sehen – regelmäßig und nach Möglichkeit mehr, als es ihnen Gerichte und Kindesmütter zugestehen. Nur Schönwetter-Daddy zu sein, der sich die verlorene Zeit mit McDonald's-Juniortüten und Ringelspielfahren bis zum Abwinken zurückkauft, erscheint ihnen zur Erhaltung einer lebendigen Beziehung zu ihren Kindern auf die Dauer zu wenig.

Die Tatsache, dass es viel mehr Scheidungsväter gibt, die Weihnachten in zweiter Spur halten, um ihre Geschenke über den Zaun zu werfen, noch nie die Schule ihrer Kinder von innen gesehen haben, mit ihren Alimenten schwer im Rückstand sind und jedes zweite Besuchswochenende aufgrund dringlicher Geschäftsreisen in letzter Minute absagen, schmälert nicht die Bedürfnisse der Männer, die anders gepolt sind.

Dass die Kinderbetreuung, außer vielleicht in der Generation der 30-plus-Väter, noch immer vorrangig Frauensache ist, ist eine Tatsache. Und dass Männer oft schwere Kämpfe auszufechten haben, um sich Zeit mit ihren Kindern oder auch das Sorgerecht zu sichern, nach wie vor Alltag in der Familienrechtsprechung. Folgendes Szenario aus dem Jahr 1976 ist bis heute noch großteils Utopie:

Sohn und Vater stehen in der Küche. Der Sohn versucht seinem Vater die Zubereitungsart eines dubiosen Eigerichts namens „Arme Ritter" beizubringen. Der Vater versagt dabei kläglich. Es ist der erste Tag nach dem Supergau, der erste Tag, nachdem die Mutter die Familie verlassen hat. Der Film „Kramer gegen Kramer" mit Dustin Hoffman in der Rolle eines Fulltime-Karrieristen und Teilzeit-Vaters, den der Exodus seiner Frau in die Existenz eines hauptberuflichen Alleinerziehers wachsen lässt, wurde in seinem Entstehungsjahr gesellschaftspolitisch als revolutionär empfunden. Erstmals wurde einem Vater zugestanden, die bessere Mutter zu sein. Doch das Film-

Szenario ist immer noch weit davon entfernt, von der Realität imitiert zu werden. Vielmehr wird die Statistik von Trennungsvätern dominiert, deren Verhalten landläufig mehr Ähnlichkeit mit jenem von George Clooney im Film „Tage wie dieser" besitzt. „Verantwortung, Verantwortung", erklärt der dort seiner Ex-Frau, als diese ihm erstmals die gemeinsame Tochter jenseits der Besuchsabmachungen vor die Tür kippt, „du hast dich doch seinerzeit bei den Erwachsenen angestellt". Irgendwo zwischen Dustin Hoffmans Kramer und George Clooney spielt sich das Leben ab. Tendenz: Optimismus. Die Väter zwischen 30 und 40, die ich kenne, kümmern sich um ihre Kinder mit einer Selbstverständlichkeit, und ohne jeden Theaterdonner, die berechtigte Hoffnung gibt, dass sich dieses Bekenntnis zur Vollzeit-Vaterschaft auch jenseits der Bobo-Bezirke als „state of the art" durchsetzen wird.

Mamas Großer

Dass Mütter, und das gilt besonders für allein erziehende, ihre Söhne anders behandeln als ihre Töchter, wurde in Hunderten Studien erforscht. Mütter trauten Mädchen mehr zu, die Anforderungen an Töchter seien höher, und es werde auch automatisch mehr soziale Kompetenz vorausgesetzt, erklärt mir die Wiener Jugendforscherin Beate Großegger: „Bei Burschen hingegen muss man ganz konkret Haushaltsbeteiligung und Verantwortung einfordern. Was viele Mütter einfach nicht tun, weil sie versuchen, eine kaputtgegangene Beziehung zum Vater mit einem Überschuss an Liebe zu kompensieren." Großeggers Kollege Bernhard Heinzlmaier formuliert das, wie schon an anderer Stelle erwähnt, drastischer: „Manche Mütter erziehen ihre Söhne zu regelrechten Trotteln."

Nach der jüngsten Erhebung der Statistik Austria wohnen rund 69 Prozent aller Männer zwischen 20 und 24 Jahren noch im Elternhaus. Selbst in ihren Dreißigern leben noch immer

11,5 Prozent aller österreichischen Männer „als Kind in Familie“, wie das im Demografenjargon heißt.

Mit Sicherheit ist es tatsächlich so, wie der Männertherapeut Björn Süfke sagte: „Das Problem ist nicht, dass Frauen zu viel von Männern verlangen, sondern zu wenig. Sie trauen ihnen viel zu wenig zu.“ Es scheint tatsächlich so, als ob wir Frauen unseren männlichen Mitbürgern eine Art Misstrauens-Vorschuss entgegenbringen wollten. Damit sollten wir aufhören. Das bringt uns nämlich alle nicht weiter.

Setzen wir uns also einfach wieder an den Verhandlungstisch.

Dorothea: „Ich denke, die Geschichte ist ziemlich hart mit den Männern umgegangen. Sie können nicht mehr sein, was sie waren. Und sie wissen nicht, wie sie in Zukunft sein sollen.“
Abbie: „Worum geht's denn hier? Männer?“ [...]
Dorothea: „Ich glaube, ihr beiden könnt mir mit Jamie helfen. Ich glaube, er braucht Hilfe dabei, herauszufinden, wie er in dem ganzen Durcheinander er selbst sein kann. Und dafür bin ich die falsche.“
Julie: „Geht es da um diese Ohnmachtssache? Das ist halb so wild.“
Dorothea: „Es geht mehr um ... alles. Wie wird man ein guter Mann und was bedeutet das heutzutage. Er hat ja nur mich und das ist nicht genug.“
Julie: „Braucht man nicht einen Mann, um einen Mann aus ihm zu machen?“
Dorothea: „Das glaube ich nicht.“

Dialog aus dem Film „Jahrhundertfrauen“ (2016) von Mike Mills, in der Dorothea Fields (Annette Bening) ihre beiden Mitbewohnerinnen um Hilfe bei der Erziehung ihres vaterlosen Sohnes Jamie bittet.

Danksagung

Ich möchte mich bei den vielen „profil“-Kollegen, mit denen ich oft im Team an Geschichten gearbeitet habe, bedanken: Tina Goebel, Nina Horowitz, Salomea Krobath, Theresia Draxler, Christina Feist. Und natürlich vor allem bei meinem langjährigen Ressort-Kollegen Sebastian Hofer. Für die Unterstützung bei den Recherchen bedanke ich mich bei meiner Freundin Daniela Bilka und bei meiner Freundin Gabriele Fischer, Psychiaterin und Suchtspezialistin, die mich immer auf dem aktuellen Stand hält, und Matthias Baltas. Weiters vielen Dank an Martin Gruber, Leiter des aktionstheater ensembles, dafür, dass ich aus seinem Projekt „Die wunderbare Zerstörung des Mannes” ausführlich zitieren durfte. Und dann natürlich ein großes Dankeschön an all jene Menschen, die ihre Lebensgeschichten mit mir geteilt haben. Ich hoffe, dass ich mit ihrem Vertrauen vorsichtig umgegangen bin.

Literatur

SIBYLLE BERG (Hsg.): „Das war's dann wohl" – Abschiedsbriefe von Männern, 2009, Goldmann

SENTA BERGER: Ich habe ja gewusst, dass ich fliegen kann, 2006, Ullstein

ROBERT BLY: Eisenhans, 1991, Kindler

RALPH BÖNT: Das entehrte Geschlecht, 2012, Pantheon

CHARLES BROOKS: Das soziale Tier, 2012, DVA

DEAN C. DELIS & CASSANDRA PHILIPPS: Ich lieb dich nicht, wenn du mich liebst, 2003, Ullstein

VIRGINIE DESPENTES: Das Leben des Vernon Subutex 1–3, 2017/2018, Kiwi

SHEREEN EL-FEKI: Sex und die Zitadelle: Das Liebesleben in der sich wandelnden arabischen Welt, 2013, Hanser

SUSAN FALUDI: Männer, das betrogene Geschlecht, 2001, Rowohlt

GABRIELE FISCHER: Warum Frauen gesünder leben und Männer früher sterben, 2005, Verlagshaus der Ärzte

HELEN FISHER: Anatomie der Liebe, 1993, Droemer Knaur

SVENJA FLASSPÖHLER: Die potente Frau, 2018, Ullstein

SIGMUND FREUD: Briefe 1873–1939, ed. Ernst L. Freud, 1960, Fischer

LORENZ GALLMETZER: Süchtig, 2016, K & S

ROBERT GLOVER: Nie mehr Mr. Nice Guy, 2016, Riva

ALON GRATCH: Wenn Männer reden könnten, 2002, Scherz

BEATE GROSSEGGER: Kinder der Krise, 2014, Archiv der Jugendkulturen-Verlag

ANGELIKA HAGER: Schneewittchenfieber, 2014, K & S

REINHARD HALLER: Die Narzissmusfalle, 2013, Ecowin

REINHARD HALLER: Die Macht der Kränkung, 2017, Ecowin

ERNEST HEMINGWAY: Glücklich wie die Könige, Ausgewählte Briefe, 1984, Rowohlt

MARIE-FRANCE HIRIGOYEN: Die Masken der Niedertracht: Seelische Gewalt im Alltag, 2002, dtv

WALTER HOLLSTEIN: Was vom Manne übrig blieb, 2012, opus magnum

AARON HOTCHNER: Papa Hemingway, 1999, Econ & List

EVA ILLOUZ: Warum Liebe weh tut: Eine soziologische Erklärung, 2016, Suhrkamp

ERICA JONG: Angst vorm Fliegen, 1973, Fischer Taschenbuch

HEIDI KASTNER: Tatort Trennung: Ein Psychogramm, 2016, K & S

OTTO F. KERNBERG: Borderline-Störungen und pathologischer Narzissmus, 2009, Suhrkamp

MICHAEL KIMMEL: Angry White Men: Die USA und ihre zornigen Männer, 2015, Orell Füssli

KARL OVE KNAUSGÅRD: Lieben – das autobiografische Projekt, 2013, btb

DANIEL LEVITIN: The Organized Mind, 2015, Penguin

ANNE-MARIA MÖLLER-LEIMKÜHLER, Vom Dauerstress zur Depression: Wie Männer mit psychischen Belastungen umgehen, 2016, fischer & gann

MICHAEL NAST: Generation Beziehungsunfähig, 2016, edel

SONJA NUFER & HANS CHRISTIAN SCHRADER: Wenn Liebe zum Desaster wird, 2007, Eichborn

CHRISTIANE OLIVIER: Jokastes Kinder, 1989, dtv

MAGGIE PALEY: Unter dem Feigenblatt: Das Buch vom Penis, 2004, marix

JAMIE REIDY: Hard Sell, 2010, Andrews Mc Meel Publishing

HEINZ-ULRICH REYER, PAUL SCHMID-HEMPEL (Hrsg.): Darwins langer Arm – Evolutionstheorie heute, 2011, Vdf Hochschulverlag

YASMINA REZA: Glücklich die Glücklichen, 2014, Hanser

PHILIPP ROTH: Die Demütigung, 2010, Hanser

RÜDIGER SAFRANSKI: Romantik: Eine deutsche Affäre, 2009, Fischer

MITHU M. SANYAL: Vergewaltigung – Aspekte eines Verbrechens, 2016, Nautilus Flugschrift

FRANK SCHIRRMACHER, Minimum, 2006, Blessing

ARTHUR SCHNITZLER: Fräulein Else, 2007, Fischer Taschenbuch

MANFRED SPITZER: Einsamkeit, 2018, Droemer

BJÖRN SÜFKE: Männer. Erfindet. Euch. Neu – Was es heute heißt, ein Mann zu sein, 2016, Goldmann

DAVID SZALAY: Was ein Mann ist, 2018, Hanser

DEBORAH TANNEN: Du kannst mich einfach nicht verstehen, 1998, Goldmann

MARIAM IRENE TAZI-PREVE (u.a.): Väter im Abseits, 2007, Institut für Familienforschung

ADAM THIRLWELL: Strategie, 2005, Fischer Taschenbuch

NEIL WEBSDALE: Familicidal Hearts: The Emotional Styles of 211 Killers, 2013, Oxford University Press

JÜRG WILLI: Psychologie der Liebe, 2002, Klett-Cotta

EMILY WITT: Future Sex – Wie wir heute lieben, 2017, Suhrkamp

GESA WUNDERLICH: Grenzen der Psychotherapie, 2002, Kohlhammer